CB064281

Quanto vale um sonho?
Felipe Rima

Agarre as chances que a vida oferece e veja o sucesso acontecer

Prefácio
Raimundo Fagner

AGIR

Copyright © 2021 by Felipe Rima

Direitos de edição da obra em língua portuguesa no Brasil adquiridos pela Agir, selo da EDITORA NOVA FRONTEIRA PARTICIPAÇÕES S.A. Todos os direitos reservados. Nenhuma parte desta obra pode ser apropriada e estocada em sistema de banco de dados ou processo similar, em qualquer forma ou meio, seja eletrônico, de fotocópia, gravação etc., sem a permissão do detentor do copirraite.

EDITORA NOVA FRONTEIRA PARTICIPAÇÕES S.A.
Rua Candelária, 60 — 7.º andar — Centro — 20091-020
Rio de Janeiro — RJ — Brasil
Tel.: (21) 3882-8200

Dados Internacionais de Catalogação na Publicação (CIP)
(Câmara Brasileira do Livro, SP, Brasil)

Rima, Felipe
    Quanto vale um sonho? / Felipe Rima; prefácio de Raimundo Fagner. – 1. ed. – Rio de Janeiro: Agir, 2021.
    176 p.

    ISBN 978-65-58370-26-0
    1. Poesia brasileira I. Título.

20-52968   CDD-B869.1

Índices para catálogo sistemático:
1. Poesia: Literatura brasileira B869.1
Aline Graziele Benitez - Bibliotecária - CRB-1/3129

SUMÁRIO

DEDICATÓRIA 9

AGRADECIMENTOS 11

PREFÁCIO: O POETA DOS SONHOS, POR RAIMUNDO FAGNER 15

APRESENTAÇÃO 17

PARTE UM: A LORA DA ZAREIA 18
O que é ser mãe? 24
Fortaleza não é só nome de cidade 27
Para onde ir? 30
O que é um salário? 32
A vida de cabeça para baixo 35
O quartinho de tábuas 38
A casinha de tábuas 43

PARTE DOIS: MUITA LUTA, MUITOS SONHOS, MUITAS DESCOBERTAS 48
Criança na Zareia 54
Descobrir um outro mundo 57
Acredite nos seus sonhos 61
O pesadelo invisível 65
É fundamental confiar na própria força 69
Em busca de uma vida nova 72
Diante do desconhecido 74
No meio do caminho tinha a poesia 80

PARTE TRÊS: VAI LER AS COISAS! 82

Poesia de dentro e de fora   88
Sonhar ou sobreviver?   91
Outras descobertas extraordinárias   95
Um novo começo   98
Momento de decisão   101
Espalhando conhecimento   105
Vida nova?   109
Um passo adiante   114
O dia do show   121

PARTE QUATRO: DOS SONHOS À REALIZAÇÃO 124

Quando a magia acontece   130
O QG Batuque do Coração   135
Grandes voos   141
Novas histórias   145
Correção da trajetória   150
Olhar pra dentro pra olhar pra fora   160
Em solo sagrado   164
Sonho acompanhado   167

POSFÁCIO 171

DEDICATÓRIA

Lorenzo Rima, o meninão! Ele que tem me conduzido numa descoberta incrível pela vida. A paternidade é terreno para ressignificar dores e frustrações que tive na infância, é força motriz para meus novos sonhos, é filtro eficaz que faz emergir aquilo que realmente deve ser prioridade. O filhão é a frente do próprio tempo, é fácil perceber isso, basta ter minutos de convivência com ele e você verá. E eu tenho o privilégio de ser para ele a segurança em noites de Halloween, me transformo em vilões fraquinhos para enaltecer as vitórias dele, preparo o palco para que ele seja o que ele quiser ser, desde heróis como o Homem-Aranha ao Riminha, que faz o Poder do Rap! Entre nossa performance em casa sendo os ninjas e as aventuras de escalada da areia gigante. Somos felizes na busca aos aviões inalcançáveis no céu. Entre as inúmeras perguntas que ele faz para descobrir a vida e os porquês que eu não canso de responder. A cada novo dia, sempre que a noite me presenteia com a mão dele na minha orelha, no acalento e no silêncio do nosso amor, me descubro um novo ser. Dedico este livro a você, e antes de presenteá-lo com poesia, quero dizer que sonho com o dia em que você, filho, terá apreço pelas palavras e poderá manuseá-las transformando-as em horizonte para tua vida. Com você aprendi que um poeta nada mais é que uma criança com maturidade. O que está escrito não será apagado. Eu não vim deixar herança, deixarei o meu legado...

FELIPE RIMA

LORENZO RIMA

Tu és um girassol sorrindo, com rosto sublime em dias
[amarelos.
Tu és criança, menino de alma pura e sorriso singelo.

Te vejo dormir, te vejo acordar, a sós, eu e você num sonho
[acordado.
Te faço sorrir, te vi chorar, te dou o meu melhor e meu amor
[dobrado.

Tu és filho de um poeta, nasceu como uma poesia silenciosa
[e imensa.
Respirou e bradou com ar nos pulmões. Recebeu essa vida
[intensa.

Te dei meu sobrenome, também artístico e ofereci meu
[coração com estima.
Tu és o futuro e o presente e o destino te fez o menino Rima.

AGRADECIMENTOS

Antes de tudo, agradeço a Deus por me proteger e me guiar. E a todas as forças divinas que eu não posso ver, mas que, pela graça, posso sentir.

Grato pela inspiração que me alimenta, acalma minha alma e em dias difíceis faz germinar dias bons, brotando sorrisos em meus lábios, capazes de transformar o brilho dos meus olhos.

Gratidão ao universo, por suas boas energias que emanam força, vigor e luz, ressoando tudo que não consigo explicar, mas que de alguma forma me fez chegar até aqui, vivo, com altivez e livre.

Sou grato aos educadores, professores, familiares e todos que exerceram em minha vida o papel educacional, que me ensinaram, me conduziram e me presentearam com o bem que jamais será tocado ou usurpado por ninguém, o conhecimento.

No meu coração a gratidão é sempre presente, e minha família ocupa o topo dessa cadeia.

A meu pai, que é cor forte e dá tom importante nesse quadro que venho pintando em busca da paisagem aprazível aos olhos, nessa vida tão surpreendente. Em especial à minha mãe, por compartilhar comigo sua história, minha amiga fiel, confidente e por ser fonte inesgotável de amor.

Aos meus irmãos: Matheus, eu o vi crescer e tenho certeza de que tatuei em sua memória momentos inestimáveis que iremos passar para as novas gerações de nossa família; tens meu amor, e além de irmão tornou-se um grande amigo, quero te ver crescer e evoluir e sempre celebrar as conquistas ao seu lado.

Claudiane, minha irmã mais velha, que expressou seus primeiros atos de carinho e cuidado ainda quando criança para cuidar de mim quando recém-nascido, lutando pela vida ao lado de minha mãe. Minha irmã sempre mais arisca que o comum, entendo sua defesa pelas dores que já viveu, e eu não consigo mensurar sua força. Obrigado por sua presença, amo você.

Osvaldo, o irmão mais velho que veio antes de mim, que sempre levou uma vida ausente, mas sempre teve meu amor, por ele fiz coisas que jamais fiz por ninguém e agradeço a ele por ter aprendido a se manter vivo em meio a tantas sombras no percurso. Espero que um dia você possa encontrar seu horizonte, meu irmão. Apesar de tua ausência, tens meu amor.

Agradeço a vocês por serem meu norte.

Aos amigos, que me entusiasmaram, que comigo confraternizaram e me deram apoio na construção de tantos sonhos.

Mesmo que muitos tenham ficado pela estrada, obrigado por em algum trecho desse caminho me encorajarem a seguir e terem feito companhia na caminhada.

Salmos Rafael, somamos mais de uma década de parceria e durante tantos anos sonhamos e realizamos tantas coisas incríveis juntos. Obrigado por trazer tua melodia para a poesia de minha vida, que se traduz em amor numa fraternidade genuína.

Bulan Graffiti, sempre me lembro daquele menino que ia me acordar às seis da manhã na casa dos meus pais para fazer arte, buscando aprender, me lembro daquele jovem com sede de conhecimento e que sempre se manteve conectado com a arte de pintar os muros da vida. Em dias difíceis me lembro de você, meu chapa, pois você esteve lá e me ajudou a sorrir quando poucos estavam. Gratidão.

QUANTO VALE UM SONHO?

Rafael Tudesco, irmão que a música me deu, que a vida enalteceu e que sempre me faz ver a vida com mais profundidade. A geografia nunca esteve a nosso favor, mas eu acredito em você e sei que você acredita em mim. Meu parceiro, tu és o único ser humano que eu não vejo com frequência pessoalmente, mas que eu respeito e amo! E sinto que nossa vida converge numa curva linda do universo, obrigado por ter aparecido e permanecido e me feito acreditar que o mundo é nosso. Obrigado por mixar os sentimentos e equalizar tantos sonhos.

Lucas Miranda, meu primo. Gratidão por sua parceria, por ser um jovem da periferia que conseguiu transcender e quebrar barreiras inimagináveis. Tenho muito orgulho de você, parabéns pelo ser humano que és! Muito obrigado por estar presente nessa engrenagem de inspiração movida por amor.

Kelly Malheiros, você é um fenômeno, eu precisava de você em minha vida, mas nossos mundos não se cruzaram por mais de trinta anos. Até que você apareceu e permaneceu como tinha que ser. Durante toda a minha vida, jamais encontrei alguém que fizesse por mim o que você fez e tem feito. Não sei o que seria desse poeta sonhador se eu não tivesse te encontrado pelos palcos dessa vida. A reciprocidade desse amor e alquimia de nossas vidas são essenciais para minha felicidade. Você me fez descortinar um cenário novo diante de mim, não sei ainda o que ele irá transformar em nossas vidas, mas sei que tua presença é tempero de Deus na minha história. Obrigado por hoje. E por todos os outros dias desde que de que te conheci.

Andreza Nascimento. Ao teu lado vivi tantos ciclos, fiz e desfiz tantos planos, crescemos, amadurecemos, atravessamos desertos e sempre fomos força propulsora para a vida um do outro. Independentemente de configuração ou títulos, nós permanecemos. Tenho o privilégio de dividir a vida com você durante todo esse tempo, sou grato pelo brilho dos teus olhos que me fazem ver o quanto você acredita em todos os sonhos e devaneios que circundam nossas vidas. Dar as mãos é um ato de cumplicidade. Permanecer de mãos dadas é um ato de amor e coragem. Que a vida seja generosa com a gente e que o amor sempre prevaleça entre nós. Obrigado.

Editora Agir. Obrigado por acreditar neste projeto, por investir e trazer um time editorial incrível com energia produtiva para que juntos pudéssemos extrair o melhor deste novo recorte de minha história, e assim tornarmos real um livro que é divisor de águas em minha vida e que, tenho certeza, irá habitar e transformar tantos corações mundo afora. Obrigado por me presentear com a interrogação mais bonita que a vida me propôs: Quanto vale um sonho, Felipe Rima?

PREFÁCIO: O POETA DOS SONHOS

Músico, poeta e palestrante, meu conterrâneo Felipe Rima vem conjugando a vida com os sonhos e os sonhos com realizações.

Sua jornada, contada neste livro, é marcada por percalços que para alguns podem parecer intransponíveis.

Mas o menino da comunidade da Zareia, em Fortaleza, deu uma guinada na vida quando descobriu a poesia, forma de expressão capaz de tocar fundo as pessoas e promover mudanças significativas.

Há cerca de dez anos, Felipe foi à Fundação Raimundo Fagner falar para a meninada sobre o poder transformador dos sonhos. De lá para cá, inúmeros jovens e crianças tiveram a chance de ouvir sua história e, agora, com o livro, mais pessoas terão acesso a ela.

Parabéns, Felipe, por nos servir de exemplo e nos contar sua trajetória inspiradora.

Raimundo Fagner
13 de janeiro de 2021

APRESENTAÇÃO

Escrever é sempre um desafio, escrever o que o coração anuncia é mais que desafiador; é se permitir visitar emoções, histórias, memórias e mergulhar na essência da palavra. O que é ditado pelo coração é preciso e não deixa o escritor desvirtuar a mensagem. Tampouco lhe permite ousar não se emocionar. Escrever o que o coração manda é, sobretudo, se expor ao risco da emoção: de chorar, sorrir, reviver com nostalgia todas as cores, os cheiros, as imagens e os caminhos possíveis.

Tive a coragem de abrir o baú onde guardei tudo o que escrevi até hoje; revi fotografias, arquivos e olhei para mim mesmo como nunca havia feito antes.

Este livro é o meu olhar buscando inspirar o seu.

Desejo a todos uma incrível experiência literária e que ela possa mudar as nossas vidas.

PAR
ALO
ZAP

TODO MUNDO TEM UMA LUTA

Todo mundo tem uma luta,
Um desafio que nos faz chorar sozinhos.
A vida é uma flor bonita,
Mas machuca com seus espinhos.

Todo mundo tem uma luta,
Um obstáculo na trilha,
Uma dor de amor ou um transtorno na família.
No fundo, cada um vive um dilema,
Não é privilégio de ninguém
Ter na vida um grande problema.
Se é lutando que se vive,
Então vivamos o nosso melhor.
Que possamos ser livres
Entre as lágrimas e o suor.

Todo mundo tem uma luta
E o dom de Deus pra seguir.
Que cada vitória nos inspire a nunca desistir.
A vida exige movimento de raça e talento,
Mas em dias difíceis, precisamos de aconchego e alento.
Que a energia deste poema te guie na dura labuta,
E que a gente lembre sempre
Que cada um tem uma luta!

Todo mundo tem uma luta.
Um dia a gente chora,
Outro dia a gente sorri.

Todo mundo tem uma luta,
Mas até nos vales escuros
A luz pode surgir.

Todo mundo tem uma luta.
Vamos viver intensamente,
E se hoje o dia foi difícil,
Amanhã vai ser diferente.

Luziane, a Lora da Zareia, é a pessoa mais importante da minha vida. Devo à minha mãe a vida, valores e um exemplo que sempre me mantém de pé.

    Sei que já disse isso antes, mas vou repetir sempre. E, para que todos possam compreender a extensão desse amor e dessa admiração, quero abrir este livro contando a vida dela. Só em contato com tudo pelo que ela passou — e, principalmente, com a maneira como ela lidou com tudo pelo que passou — será possível ter uma noção da grandeza dessa mulher.

O QUE É SER MÃE?

SOCORRO NÃO ESTAVA PREPARADA PARA SER MÃE. POR ISSO, RESOLVEU BOTAR MINHA MÃE NUMA CAIXA DE SAPATOS E DEIXÁ-LA NA PORTEIRA DE UMA FAZENDA.

QUANTO VALE UM SONHO?

Minha mãe também teve mãe. Dona Socorro era empregada de um casal de holandeses no bairro de Jacarecanga, em Fortaleza. Não se sabe exatamente em que circunstâncias, mas o fato é que ela engravidou do patrão. E eram gêmeas. Duas meninas.

O casal fez uma proposta: cuidariam dela durante a gravidez e, depois que as meninas nascessem, ficariam com as duas e as levariam para a Holanda. A princípio, ela concordou, mas, perto da hora do parto, deu para trás e foi para a casa dos pais, em Campo da Cruz, na Serra Grande.

Ali teve as meninas, aos sete meses de gravidez. O pai logo descobriu seu paradeiro e foi atrás das crianças. Mas a minha avó só concordou em dar uma das filhas. E assim foi feito. Graças a isso, minha mãe nunca soube nem sequer o nome da irmã.

A questão é que Socorro era ainda muito nova, quase uma menina. Não estava preparada para ser mãe. E queria voltar para Fortaleza. Por isso, passados uns dias, resolveu botar minha mãe numa caixa de sapatos e deixá-la na porteira de uma fazenda — mas os pais dela não permitiram. Alegaram que o choro do bebê atrairia os cachorros brabos que cuidavam da propriedade antes mesmo de chamar a atenção dos donos da fazenda. E se prontificaram a ficar com a pequena Luziane.

Pouco tempo depois, o avô da minha mãe morreu. E a vida ficou muito difícil. Era ele que cuidava da roça que alimentava a família. A avó passava o dia lavando roupa para fora, na beira do rio, para conseguir algum dinheiro. O que ganhava não dava para alimentar duas bocas. Então, quando Luziane tinha oito anos, a avó arrumou uma família de São Benedito, uma localidade próxima, para cuidar dela.

Era uma boa família. O dono da casa era vereador na cidade e minha mãe foi matriculada na escola local. Mas, como sempre ocorria nesses arranjos, trocava casa e comida por trabalho. Ao lado de outra empregada, essa maior de idade, limpava a casa, varria, encerava o chão e, quando precisava lavar a louça ou alcançar o fogão para cozinhar, subia em um banquinho.

Acabou se apegando à família. Por isso, quase dois anos mais tarde, quando Socorro apareceu de surpresa e disse que ia levá-la para Fortaleza, Luziane fez um escândalo. Não queria ir. Mal conhecia a mãe, gostava da escola e estava afeiçoada ao lugar e às pessoas. De acordo com Socorro, se ela continuasse ali, sem a mãe por perto, ia acabar virando mulher da vida.

FORTALEZA NÃO É SÓ NOME DE CIDADE

Minha mãe foi, desde muito nova, uma guerreira. Ela descobriu que Fortaleza não era só nome de cidade. As pessoas também podiam ser fortalezas — e começou a se preparar para ser uma.

Socorro pegou a menina pelo braço e a trouxe para Fortaleza. Para que ela estudasse e trabalhasse menos? Não, era justamente o contrário. Socorro já tinha mais três filhos. Todos pequenininhos. A mais velha ainda não havia feito 4 anos. E, mais uma vez, Luziane foi encarregada de cuidar da casa e dos irmãos enquanto a mãe trabalhava. Escola de verdade? Nunca mais. Passou a estudar com a sogra da mãe, que tinha uma salinha de estudos. E nem sequer podia contar com o clima amigável da casa de São Benedito. Embora o suposto pai a tratasse bem, a mãe era bastante seca de afeto.

A relação entre as duas se deteriorou rapidamente quando Luziane tinha por volta dos 10 ou 11 anos. Foi quando seu corpo começou a perder as formas infantis e a ganhar contornos femininos. Socorro cismou que a filha estava se oferecendo para o seu marido e passou a maltratá-la abertamente. As agressões passaram rapidamente de verbais a físicas.

Foi um período confuso. Aquele que Luziane achava que era seu pai a defendia, mas parecia que a sua defesa só fazia aguçar a raiva da mãe. Numa ocasião em que a menina o chamou de "pai", ouviu como resposta que não deveria mais chamá-lo daquele jeito. "Você nem é minha filha pra valer", disse o homem, com uma rispidez que ela até então desconhecia.

Tudo estava dando errado dentro de casa. O "pai" estava desempregado e a mãe também tinha sido despedida. Para conseguir sustento para a família, Socorro deixava a filha pela manhã no Ceasa, o centro de distribuição de alimentos. Ali, sempre sobravam frutas, legumes e verduras que não tinham condições de serem comercializados e eram jogados numa espécie de lixão. O lugar ficava cheio de crianças. Minha mãe recolhia tudo o que pudesse ser comido, separava em pratinhos e saía vendendo de porta em porta. E era aquilo que sustentava a família.

QUANTO VALE UM SONHO?

Quanto mais subia o nível de estresse do casal, mais sobrava para Luziane. Até que um dia, depois de levar uma surra, ela soube que o marido de sua mãe não era seu pai de verdade. Descobriu a história toda do casal de holandeses, da irmã gêmea, da caixa de sapatos e até que ia ser abandonada na fazenda. Tudo isso contado entre um golpe e outro de uma Socorro tomada por um acesso de fúria. Não satisfeita, Socorro botou a filha para dormir do lado de fora da casa, numa espécie de beco.

É assim que muitas crianças vão parar na rua. Se sentem menos ameaçadas pelos perigos externos do que pelo lar que deveria acolhê-las. São momentos de extrema dor moral e humilhação — maiores mesmo do que a dor física — que levam uma criança a abandonar a família. Mas minha mãe foi, desde muito nova, uma guerreira. Uma guerreira-gato, do tipo que sempre cai de pé. O que a levantou naquele momento, assim como em tantos outros, foi a raiva. Uma raiva positiva. Uma raiva capaz de salvar a própria vida sem prejudicar a dos outros.

Ela descobriu que Fortaleza não era só nome de cidade. As pessoas também podiam ser fortalezas — e começou a se preparar para ser uma.

PARA ONDE IR?

Luziane decidiu fugir de casa. Estava disposta até a ficar na rua. Estava firmemente decidida: "Pra lá eu não volto de jeito nenhum!"

QUANTO VALE UM SONHO?

Foi justamente naquele momento que Luziane, aos 11 anos, tomou sua primeira decisão adulta. Decidiu fugir de casa. Em último caso, estava disposta até a ficar na rua. Mas essa não era sua primeira opção. Mesmo tão nova, já tinha aprendido a aproveitar a experiência que a vida lhe trouxera. E sabia que poderia conseguir um lugar para trabalhar em troca de casa e comida. O problema era: onde? Não conhecia ninguém em Fortaleza. Não sabia nem andar pelas ruas.

Só conhecia um endereço no Centro, o de dona Zilka, uma senhora para quem sua mãe costumava prestar serviços. E se dirigiu para lá. Bateu na porta, pediu abrigo e logo deixou claro: se avisassem sua mãe, fugiria e nunca mais saberiam do paradeiro dela.

Conseguiu convencer a senhora a deixá-la ficar em troca de trabalho. Dona Zilka cozinhava para fora. Fazia bolos de casamento, salgados finos e alugava vestidos de noiva. Por um tempo, Luziane ficou em paz, trabalhando, ajudando e aprendendo por cerca de dois anos. Até o dia em que Socorro apareceu ali e encontrou a filha. Foi um escândalo. A mãe queria levar a menina de volta para casa, Luziane esperneou, disse que não ia e decidiram deixá-la na casa de dona Zilka por mais alguns dias para que ela tentasse convencer a menina a voltar para a família.

Nenhuma conversa deu resultado. Luziane estava firmemente decidida: "Pra lá eu não volto de jeito nenhum!" Nesse meio-tempo, conseguiu convencer Zirladir, uma das filhas de Zilka, a ficar com ela. Já tinha 13 anos, era trabalhadeira, cuidava bem dos gêmeos da patroa e com isso acabou não apenas permanecendo na casa de Zirladir, mas também começou a ganhar um pequeno salário, cerca de um quinto de salário-mínimo.

O QUE É UM SALÁRIO?

MINHA MÃE TINHA UMA MOTIVAÇÃO MUITO FORTE PARA LEVANTAR A CABEÇA: NÃO QUERIA VOLTAR PARA A CASA DA MÃE. DE JEITO NENHUM. E É BOM NÃO ESQUECER: ELA ERA UMA FORTALEZA EM CONSTRUÇÃO.

QUANTO VALE UM SONHO?

O problema era que, a essa altura, Socorro já sabia onde procurá-la e não demorou a descobrir a filha na outra casa. No entanto, ao saber que a menina recebia pagamento em dinheiro, mudou o discurso. Deixou a filha ficar ali trabalhando, mas passou a ir todo mês buscar seu salário.

Luziane foi crescendo. E descobriu uma coisa, gostava de fazer tudo muito bem feito. Aos 14 anos, engomava uma camisa como ninguém. E foi justamente a qualidade das camisas engomadas que lhe trouxe um problema. Tinha uma senhora, de cerca de 60 anos, que trabalhava naquela casa havia muito tempo. Nunca tinha tido outro emprego. Assim que Luziane chegou, ela gostou de ter ajuda. Mas, quando a menina começou a se revelar uma boa profissional, ficou enciumada. Achava que as crianças gostavam mais de Luziane. E o patrão, o seu Fulgêncio, esse nem tinha dúvida. Agora só queria as camisas passadas pela menina.

De repente, começaram a desaparecer coisas na casa. Uma hora era um cordão de ouro, depois, um anel, uma abotoadura... Um dia, Luziane saiu de folga — porque ali ela tinha folga — e, na volta, já encontrou o sururu armado. Foi acusada de roubo, demitida e posta para fora de casa.

Tinha então 15 anos. E o escândalo foi grande o suficiente para chamar a atenção da vizinhança. Já ia saindo da casa quando ouviu que alguém a chamava. Era uma vizinha. Dona Carmina. Foi até lá chorando muito, sem saber o que fazer e para onde ir. A senhora a convidou a morar com ela. Aceitou na hora. Mas resolveu tomar uma atitude.

Quem nunca passou por nada parecido não sabe como é difícil manter a cabeça erguida nessas horas. O sentimento de injustiça e de humilhação é tanto que muita gente fica paralisada, sem ação. Mas a minha mãe tinha uma motivação muito forte para levantar a cabeça: não queria voltar para a casa da mãe. De jeito nenhum. E é bom não esquecer: ela era uma fortaleza em construção.

Não era mais a menina de 11 anos que tinha chegado ali sem conhecer ninguém. Agora, tinha amigas, conhecia pessoas, ia a bailes, essas coisas de menina-moça. Por isso, deixou suas coisas na casa da senhora e foi direto para a delegacia, onde conhecia alguns policiais. Chegando lá, encontrou um amigo que, ao vê-la chorando, perguntou o que acontecia. Luziane explicou tudo. Na mesma hora, o amigo chamou dois agentes e foram todos até a casa de Zirladir. Chegando lá, fizeram uma revista. E não deu outra, encontraram todos os objetos roubados com a empregada veterana.

A família pediu desculpas, mas Luziane não quis voltar. Até hoje, quando se encontram na rua, Zirladir conversa com minha mãe, pede notícias da vida, convida para tomar um café. Mas a minha mãe nunca foi. Nunca mais pisou lá.

A VIDA DE CABEÇA PARA BAIXO

NINGUÉM CONSEGUE DEFINIR DIREITO O QUE É O AMOR, O QUE É ESSA FORÇA QUE FAZ COM QUE UMA PESSOA REDIRECIONE A VIDA EM OUTRO SENTIDO.

Ficou morando com Dona Carmina até os 16 anos, quando a senhora se separou. Mas minha mãe sempre foi uma pessoa muito simpática, muito comunicativa, com fama de trabalhadeira. Por isso, sempre tinha gente reparando nela, querendo que ela fosse trabalhar nas suas casas. Antes mesmo de Dona Carmina ir embora, outra vizinha, chamada Helena, que morava com uma amiga de nome Margarida, procurou a minha mãe e lhe ofereceu trabalho. Então, graças ao empenho que dedicava a tudo que fazia, Luziane não ficou sem casa nem um só dia. E Margarida praticamente adotou a minha mãe. Dali por diante, sempre a ajudou nos momentos mais dramáticos.

Mas foi quando se mudou para a casa de Dona Carmina, aos 15 anos, que minha mãe conheceu José Aribamar, o meu pai. E isso virou a vida dela de cabeça para baixo.

Ninguém consegue definir direito o que é o amor, o que é essa força que faz com que uma pessoa redirecione a vida em outro sentido. Mas foi exatamente isso que aconteceu naquele momento com a minha mãe.

Um ano mais tarde, aos 16 anos, descobriu-se grávida da sua primeira filha, Claudiane. E o pior: começou a conhecer melhor meu pai. Percebeu que ele era um homem-menino, ainda grudado na barra da saia da mãe, sem a menor condição ou maturidade para ser pai. Assim que soube que a minha mãe estava esperando um filho, desapareceu, como se não tivesse nada a ver com aquilo.

A minha mãe passou a gravidez inteira na casa de Dona Margarida. Mas, na hora do parto, sem saber o que fazer, foi em busca da própria mãe. Afinal, era uma esperança de abrigo. Naqueles anos todos, Socorro jamais tinha perdido contato com a filha. Mas era sempre para buscar seu salário. Jamais tinha agido como mãe.

A disponibilidade materna, no entanto, durou pouco. Com apenas nove dias de resguardo, Luziane viu todas as suas as coisas (e as da bebê) serem jogadas no meio da rua. As duas foram postas para fora de casa. O motivo? Um desentendimento entre a minha mãe e a meia-irmã dela — a mesma que ela tinha ajudado a criar.

Retornou ao bairro Cidade 2000 em busca de abrigo. Não quis procurar Dona Margarida e Dona Helena. Achava que não ia dar certo levar uma bebê tão pequena para o trabalho. Como era de se esperar, procurou o pai da criança. Perda de tempo. José Aribamar não apenas se recusou a ajudá-la como a destratou.

Quem se apiedou da situação foi um senhor que permitiu que ela e a pequena Claudiane dormissem dentro de uma banheira que estava abandonada nos fundos de um prédio. Por sorte, a minha mãe encontrou uma amiga, que também tinha acabado de ter bebê, e ela sugeriu que as duas procurassem um homem que tinha umas casas ali por perto. Acabaram conseguindo ficar em uma casa abandonada. Em troca, consertariam as portas, que tinham sido roubadas.

A questão do teto estava resolvida, mas ainda faltava todo o resto. Sem ter com quem deixar a filha para poder trabalhar, Luziane e a amiga precisavam pedir comida na vizinhança.

Uma das casas onde pediam comida ficava bem na frente daquela em que estavam abrigadas. Ali, morava uma senhora de nome Zuleika, que começou a dar comida para a minha mãe e a amiga em troca de serviços.

A situação ainda era muito precária quando Aribamar reapareceu. Não para ajudar, mas para deixá-la grávida mais uma vez e voltar a sumir no mundo. Mal tinha saído do resguardo e já estava com outro filho na barriga.

Aí, não teve jeito. Precisou mesmo voltar para a casa de Dona Margarida.

O QUARTINHO DE TÁBUAS

PELA PRIMEIRA VEZ, TINHA UM TETO SEU. NO ENTANTO, COM DUAS CRIANÇAS PEQUENAS, A VIDA COMEÇOU A FICAR MUITO PESADA.

QUANTO VALE UM SONHO?

Enquanto estava trabalhando com Dona Margarida, conseguiu alugar um quartinho de tábuas. E, a partir de então, começou a trabalhar como diarista.

Pela primeira vez, tinha um teto seu. E foi ali que nasceu Osvaldo, o seu segundo filho. No entanto, com duas crianças pequenas, a vida começou a ficar muito pesada. Não tendo com quem deixar as crianças para trabalhar, voltou a procurar Aribamar. Embora tivesse emprego, ele não estava disposto a sustentar filho nenhum. Morava com a mãe, que antipatizou com Luziane quase imediatamente. Mas, pelo menos, as conversas resultaram em uma solução temporária. O menino ficaria com uma irmã de Aribamar. Com isso, minha mãe pôde voltar a trabalhar, levando minha irmã com ela.

Aribamar, no entanto, não deixava de rondar minha mãe. E ela, apaixonada por ele, acabava concordando com novas aproximações. Assim, quando Luziane ainda morava no quartinho de tábuas, engravidou de mim.

A minha mãe estava comigo na barriga quando o dono dos quartinhos de tábua começou a pressioná-la para abandonar o lugar. Um dia arrancava uma tábua, abrindo um rombo em sua parede; no outro, deixava lixo na sua porta, e assim por diante...

Foi quando Luziane ouviu falar que haveria uma invasão em um terreno da Prefeitura e decidiu lutar por sua própria casa. O que chamavam de "beco" da Prefeitura era, na realidade, uma espécie de faixa de servidão que separava duas propriedades.

Foi atrás do seu pedaço de chão, mas, ao chegar lá, viu que tudo já estava ocupado. Olhou, sonhadora, para um terreno de esquina e pensou que queria aquele terreno para ela. Já sabia até o que poderia fazer ali: abrir uma bodega.

Pouco mais tarde, ficou sabendo que a dona daquele terreno já tinha a sua própria moradia e mais três casas alugadas. Não teve dúvidas, foi atrás da mulher e pediu que ela lhe cedesse o terreno. Tudo que recebeu foi uma resposta desaforada e um passa-fora.

Caminhando até o fim do beco, encontrou um terreno minúsculo, que já tinha sido ocupado por um rapaz. Tentou negociar com ele, sem resultado.

Aí a Lora danou-se. E é quando ela se dana que consegue os melhores resultados. É na hora em que resolve que não vai baixar a cabeça para o destino. Que as coisas não podem ficar daquele jeito. Não vão ficar daquele jeito. Essa garra, esse não conformismo, essa disposição para ir atrás dos seus sonhos a transformam em uma inestimável lição de vida.

Partiu para a Prefeitura. Chegando lá, pediu: quero falar com a prefeita. Disseram que a prefeita não podia atender, mas seria possível encaminhá-la para um assessor. Mas Luziane não queria assessor nenhum, queria a prefeita Maria Luíza Fontenele. Então, voltou no outro dia, cedo, e se plantou na porta: quero falar com a prefeita Maria Luíza Fontenele. E não arredou pé dali. Assim se passaram alguns dias até que apareceu um assessor, se inteirou do assunto e prometeu mandar uma equipe até o local da invasão. Mas a minha mãe respondeu: "O senhor pode até mandar a equipe, mas eu quero falar é com a Maria Luíza." Depois de mais vários dias de insistência, ela conseguiu ser recebida pela prefeita.

SEUS PLANOS PODEM SER ROUBADOS, PODEM SER BOICOTADOS. MAS SEUS SONHOS, NÃO. OS SONHOS SÃO INDESTRUTÍVEIS.

QUANTO VALE UM SONHO?

Expôs seu problema, mostrou que todos os outros invasores já tinham casas para morar, menos ela, e pediu um terreninho. Na mesma hora, Maria Luíza chamou todos os assessores e mandou que fossem até a invasão para resolver o problema.

No fim das contas, os assessores serviram mais como mediadores. Aquele tal rapaz, que tinha ocupado um lote, um usuário de drogas, se dispôs a ceder a parte da frente do seu terreno (que já era minúsculo, não passava de 7,5 m^2). Em troca, pedia que a minha mãe também construísse a casa dele. Luziane nem pestanejou. Se era aquilo que tinha, era aquilo que ia ser. Ainda perdeu mais um pedaço de chão porque precisou fazer um corredor para que o rapaz pudesse chegar à casa dele.

E, nesse momento, ela fez mais um desses movimentos que eu chamo de mágicos. Não porque tenham a ver com feitiçaria, mas porque botam o universo para trabalhar a favor dela. Muita gente recomenda que se faça boca de siri em relação a seus sonhos. Dizem para a gente não contar nada para ninguém. Mas o que minha mãe intuía, e mais tarde eu adotei para mim também, era outra coisa. Não se trata de falar dos seus planos, mas dos seus desejos!

Seus planos podem ser roubados, podem ser boicotados. Mas seus sonhos, não. Os sonhos são indestrutíveis.

Se ela não tivesse ido até a prefeita dizer claramente que queria um pedaço de chão, não teria nada. Agora, precisava de material de construção: tábuas, pregos, alguma coisa para fazer telhado, gente para ajudar a carregar as coisas, para ajudar a construir. E saiu falando para todo mundo: "Vou fazer minha casa! Vou fazer minha casa! Mas preciso de..." e dizia do que precisava. Desse jeito, aos poucos, as pessoas foram ajudando como podiam. Dona Helena, a que morava com Dona Margarida, sua ex-patroa, ajudou muito com tinta e outras coisas. Alguns outros ofereciam o que tinham. E ainda havia quem indicasse umas construções abandonadas, onde sobravam pedaços de madeira.

A CASINHA DE TÁBUAS

ERA COMO SE, DENTRO DELA, EXISTISSE UMA ESPÉCIE DE MECANISMO DE PERDÃO PRÉ-ATIVADO E SEMPRE DISPOSTO A SE RENOVAR.

Depois de pronta, na casa de tábuas só cabia uma cama, um fogareiro e a rede. Mas a frente era toda pintadinha, cheia de plantas, muito bem cuidada. A casa era dela e ninguém ia tirá-la dali. Estava feliz, apesar de ainda ter muitas dificuldades. O chão era de terra batida e, quando chovia, tudo ficava alagado. O terreno era localizado em cima de uma lagoa assoreada. As casas mais próximas do começo da rua eram mais protegidas. A da minha mãe ficava lá no fim, quase num pântano. Quando chovia, a lagoa enchia e a casa inundava. Ainda foram necessários mais dois anos até que ela conseguisse uma casa decente.

Aribamar aparecia quando queria e sumia quando bem entendia. O compromisso principal dele era com a própria mãe, também mãe solteira. Todo o dinheiro que ganhava ia para a sua família de origem. Por ser o mais velho, era responsável pelo sustento da mãe e dos irmãos mais novos. Naquele arranjo, não sobrava espaço para uma mulher, muito menos uma mulher com filhos — ainda que os filhos fossem dele. Quando lhe perguntam como aguentou uma situação tão desfavorável — e por tanto tempo! —, minha mãe não consegue responder direito. É como se, dentro dela, existisse um direcionamento para a família, uma espécie de mecanismo de perdão pré-ativado e sempre disposto a se renovar.

O fato é que ela carregou a gravidez inteira enquanto construía a casinha de tábuas. A barriga não a impediu de realizar o seu sonho. Por sorte, foi uma gravidez tranquila, sem maiores problemas. Por isso, ela conseguiu trabalhar em casas de família, fazendo faxina e lavando roupa, até muito perto do meu nascimento.

No dia 3 de agosto de 1987, ela tinha lavado roupa por mais de oito horas numa lavanderia. Na madrugada seguinte, por volta das três da manhã, começou a sentir as dores do parto. Estava sozinha em casa com minha irmã. Correu até a casa de uma vizinha — a Lúcia, que viria a ser minha madrinha — e deixou a minha irmã, que estava com três anos, aos cuidados dela. Em seguida, procurou um compadre e pediu que ele a levasse até a casa da sogra.

Chegando lá, soube que o meu pai ainda não tinha aparecido naquele dia. Devia estar na farra. Pelo menos, os cunhados providenciaram um carro para levá-la até o HGF, o Hospital Geral de Fortaleza. Como era perto, não demoraram a chegar, por volta das 3h40. Foi o tempo de dar entrada, fazer uns exames rápidos e ser encaminhada para a sala de parto. Vinte minutos depois, eu vinha ao mundo.

Naquele tempo, ninguém podia ficar no hospital com a parturiente. Era preciso telefonar para saber se a criança tinha nascido. Pela manhã, a sogra ligou para ter notícias. Em seguida, a minha madrinha Lúcia também ligou. Foi ela que apareceu para buscar minha mãe e levá-la para casa.

Meu pai só apareceu para me ver três dias mais tarde.

Se eu tinha o básico que todo bebê precisa ter era porque as pessoas ajudaram. Dona Margarida, madrinha informal de minha mãe, providenciou parte do enxovalzinho. Outra senhora, para quem minha mãe fazia faxina aos domingos, também ajudou. E uma comadre tinha arranjado um berço emprestado.

Foram essas mesmas pessoas que deram algum suporte no mês que minha mãe ficou sem trabalhar para se recuperar do parto. Vinha uma, deixava uma cesta básica, outra trazia um leite. Vinha um vizinho com um prato de comida. Ainda assim, era pouco. Não dava para ficar em casa sem trabalhar. Eu mal tinha completado um mês quando a minha mãe me botou no colo, pegou a Claudiane pela mão e fomos todos para a casa onde ela tinha que fazer faxina.

Claudiane ia junto para cuidar de mim. Ficava me balançando na redinha que a minha mãe estendia na área de serviço, botava a chupeta na minha boca quando ela caía e, às vezes, me dava até mamadeira.

Luziane não pôde amamentar nenhum dos filhos. Dar o próprio leite aos bebês é para quem pode parar por 20 minutos a cada três horas — coisa impossível para quem tem que "dar conta do trabalho". A minha mãe tinha que tirar o pó dos móveis, varrer, fazer comida, arear panelas, deixar tudo arrumado, lavar e passar a roupa. A amamentação é um luxo ao qual poucas mulheres podem se dar.

O berço, infelizmente, durou pouco. Eu nem tinha completado quatro meses quando a dona chegou lá em casa e levou o berço embora. E lá fui eu para a cama alta onde já dormiam a minha mãe e a Claudiane.

A cama era alta porque cada um de seus pés ficava em cima de quatro tijolos empilhados — medida necessária para nos proteger durante as enchentes. Quando isso acontecia, a cama virava o nosso refúgio. Eu e Claudiane ficávamos lá em cima, junto com as roupas e tudo que coubesse no colchão.

Nesses dias, a água batia nas canelas. E assim ficava até que baixasse — se, com sorte, não voltasse a chover. Era comum a chuva durar uma semana, ou até 15 dias. E aí não tinha jeito. Eu e Claudiane ficávamos no alto da cama e a nossa mãe fazia a comida com os joelhos dentro da água. A água era tanta que chegava a ter muçu (um tipo de enguia) e peixe beta, desses vermelhos, que as pessoas criam em aquários, passeando por dentro de casa. Ela não se incomodava tanto com os peixes beta, mas tinha horror aos muçus e passava dias de pesadelo, com medo de que algum se enroscasse no seu tornozelo.

Quando a água baixava, era preciso buscar areia em outros lugares e jogar no chão para ajudar a secar de vez e não ficar tudo enlameado.

Por isso, sempre que minha mãe tomava conhecimento de uma obra que deixasse entulho na calçada, pegava um carrinho de mão, uma pá, ia até lá e carregava um bocado de entulho para aterrar o chão da casa. Foi assim, que, aos poucos, ela começou a dar conta do problema das enchentes. Mas até que isso se resolvesse, eu já tinha quase três anos.

Ela ri quando se lembra disso e diz que era uma sorte não ter energia elétrica em casa; caso contrário, teríamos morrido eletrocutados. Faz parte do seu senso de humor. Mas a vida era dura sem luz. De acordo com as lembranças dela — eu ainda não tinha idade para perceber isso —, o óleo usado na lamparina era de tão baixa qualidade que eu amanhecia com as narinas rodeadas por um anel de fuligem.

Só mais tarde, depois de um abaixo-assinado, a energia elétrica chegou ao fim do beco. Mas, quando isso aconteceu, minha mãe já tinha dado um jeito de aterrar a casinha com terra e entulho — e a água não chegava mais lá dentro.

PARTED

TA LUTA

SONHOS

DESCO

DIS: MUI-
MUITOS
MUITAS
BERTAS

QUANTO VALE UM SONHO

Quanto vai custar?
Quanto vai demorar?
Quanto devo estar melhor?
Quantas gotas de suor?
Quantos dias preciso?
Quantas noites sem riso?
Quantas ruas percorrer?
Quantas luas vou ver?
Quantas vezes pensar, acho que não vai dar?
Quantas vezes escrever e depois rasgar?
Quanto devo hesitar?
Quanto devo esperar?
Quanto eu tenho pra apostar?
Quanto ainda vou caminhar?
Quantos não irão suportar?
Quantas músicas pra embalar?
Quantas vezes recitar?
Quanto devo poetizar?

Quantas vezes eu vou cair?
Quantos só irão assistir?
Quanto me entregarei?
Quantos quartos de hotéis?
Quantos parceiros fiéis?
Quanto risco de vida se faz necessário?
Quantas idas e vindas?
Quantos aniversários?
Enquanto as dores se dissolvem, quanto sangue resolve?

Quantos sorrisos isso envolve?
Quanta insegurança?
Quanta fé e esperança?
Quanto de amor e confiança?
Quantos convites pra dança?
Quantas oportunidades irei agarrar?
Quantas chances vão passar?
Quantas desilusões?
Quantas situações?
Quantas celebrações?
Quantas emoções?

Por quantas madrugadas vou perder o sono?
Então, me diz, quanto vale um sonho?

Um sonho! Sei que conquistar não é tão fácil assim,
mas, enquanto eu sonhar, darei o melhor de mim.

Se for dinheiro, eu vou pagar. Se for suor, vai escorrer.
Se for luta, eu vou lutar. E se for amor, vou me envolver.

Antes de me lembrar do local onde nasci e cresci, as primeiras memórias que me vêm à mente são memórias da minha infância, lembranças de um lar fraterno.

Logo que comecei a entender o mundo, não percebia a dimensão, nem tinha qualquer noção do contexto social que eu estava inserido. Também não tinha discernimento suficiente para avaliar a relação familiar que existia entre a minha mãe e o meu pai.

Por causa da ingenuidade e da inocência inerentes ao ser que está crescendo e descobrindo o mundo, como toda criança, eu tinha limitações de entendimento sobre o que acontecia à minha volta.

CRIANÇA NA ZAREIA

SÓ O QUE EU VIA ERA UMA VIDA NA QUAL HAVIA O MEU PAI, A MINHA MÃE E A GENTE MORANDO NA COMUNIDADE DA ZAREIA.

QUANTO VALE UM SONHO?

Acredito que as primeiras imagens, os primeiros recortes e vislumbres de vida que me ocorrem são do período em que eu tinha 4 anos de idade. Lembro-me de coisas marcantes, como o meu primeiro aniversário com bolo, refrigerante e lembrancinhas para os convidados.

Fazendo esse resgate, tenho uma nítida lembrança do cuidado especial com que a minha mãe me vestia e me arrumava, sempre no final de tarde. Era o tal de "pano passado", algo muito comum na época, mas de que eu não gostava nada: enfiar a camisa por baixo da cueca e por dentro do calção. Depois, ela penteava o meu cabelo e me liberava para ir brincar na rua, em frente à nossa casa. E foi ali, entre o cabelo repartido no meio e as brincadeiras da rua de casa, que comecei a descobrir o mundo e ter a dimensão do real cenário que me cercava.

Nesse universo, o meu pai, que nessa época já morava definitivamente conosco, era para mim uma grande referência. No meu imaginário, ele sempre se apresentou como um homem forte, com uma presença marcante no enredo da nossa história. Só mais adiante eu viria a compreender melhor o papel que ele desempenhava na nossa família e a ter um entendimento mais profundo da relação que existia entre ele e a minha mãe. Até então, só o que eu via era uma vida na qual havia o meu pai, a minha mãe, Claudiane e eu morando na comunidade da Zareia.

Foi na Favela da Zareia que descobri a vida. Lembro que tínhamos cuidadores: quando a minha mãe saía para trabalhar, nos deixava sob os cuidados da minha madrinha, a Lúcia, e do meu padrinho, que se chama Luís. É muito comum, na comunidade, os pais elegerem algumas pessoas, seus amigos de confiança, para serem um braço direito na criação dos seus filhos. Então a minha madrinha Lúcia e o meu padrinho

Luís foram os primeiros adultos a se aproximarem em termos do cuidado comigo. Os dois me davam afagos e proteção e me deixavam ir para a casa deles tomar um suco de fruta, fazer um lanche ou assistir à televisão.

DESCOBRIR UM OUTRO MUNDO

EU TINHA UMA CURIOSIDADE MUITO GRANDE POR SABER COMO SERIA TER A CAPACIDADE DE ESCREVER, COMO SERIA DAR AO PAPEL UMA OUTRA FORMA ATRAVÉS DE LETRAS QUE DISSESSEM ALGO.

Ainda nesse processo de iniciação para a vida, lembro que pedi muito para minha mãe para começar a estudar; eu queria ir para a escola porque achava bonito. Não sabia o que era a escola na sua concepção geral, mas me encantava a ideia de me vestir com a fardinha e levar um caderno para um lugar onde, pelo que me diziam, a gente estudava e aprendia. Eu tinha uma curiosidade muito grande por saber como seria ter a capacidade de escrever, como seria dar ao papel uma outra forma através de letras que dissessem algo.

Eu estava de fato fascinado pela ideia de começar a estudar e não parava de insistir para que minha mãe me deixasse ir para a escola. E lembro que ela fez um acordo comigo, um acordo de crescimento. Na época, eu tinha uns 4, quase 5 anos, e ainda chupava bico. Só que eu tinha vários. Usava quatro ao todo: gostava de cheirar um deles, apertar a borracha de outro e os outros dois eu revezava na boca. Era uma mania curiosa e eu ficava o tempo todo com aqueles quatro bicos. Até o dia em que a minha mãe me propôs o tal acordo: quando ela me matriculasse na escola, eu ia ter que deixar os bicos de lado.

Hoje, entendo com clareza que essa não seria de fato a condição para que eu pudesse estudar, mas sim uma parte importante do processo educacional familiar que ia se estruturando e ganhando força entre mim e minha mãe.

Topei o acordo e finalmente fui matriculado! A escola, que se chamava Arquiteto Rogério Fróes, ficava no bairro chamado Cidade de 2000, em Fortaleza, e para chegar até ela eu levava uns 20 ou 30 minutos a pé.

Lembro que foi incrível a sensação de ir pra escola. Fui matriculado no Jardim 2. Era uma sala pequena, com mesas pequenas, cadeiras pequenas e muitas cores. Gostei do que vi e mergulhei naquele mundo novo.

QUANTO VALE UM SONHO?

Um dos meus primeiros desafios foi aprender a escrever o meu nome. Claro que eu não sabia escrever, mas queria aprender pelo menos o meu nome para compartilhar aquilo com os meus pais. Eu era uma criança que gostava de compartilhar com os pais todas as coisas novas que aprendia. No dia em que consegui escrever pela primeira vez o meu primeiro nome, quase não cabia em mim de tanta felicidade e entusiasmo. Escrevi "Ribamar Felipe" no caderno de caligrafia. Na verdade, ainda nem sabia ler, mas consegui copiar a estética, a forma do meu nome. Era como se eu tivesse desenhado o meu nome e sabia que lá estava escrito Ribamar Felipe!

ESSE FOI O MAIOR APRENDIZADO QUE TIVE NESSA OCASIÃO, ALGO QUE CARREGO ATÉ HOJE, POIS, NAQUELE MOMENTO ENTENDI QUE, POR MAIS QUE VOCÊ TENHA FEITO ALGO INCRÍVEL, SEMPRE PODE SE APRIMORAR E APRENDER AINDA MAIS.

A ansiedade para chegar em casa e apresentar aquele meu feito era enorme. Então, assim que cheguei fui logo dizendo: mãe e pai, aprendi a escrever o meu nome! Eles me aplaudiram, me parabenizaram e disseram em alto e bom som: esse menino é muito inteligente! Mas a minha mãe fez questão de acrescentar que eu teria que aprender o restante, o sobrenome. Esse foi o maior aprendizado que tive nessa ocasião, algo que carrego até hoje, pois naquele momento entendi que, por mais que você tenha feito algo incrível, sempre pode se aprimorar e aprender mais.

Eu costumava receber muitos elogios dos meus pais e dos adultos que nos cercavam, amigos ou familiares. Mas havia sempre uma ressalva, sempre um desafio novo sendo apresentado. Isso me fez crescer, e acredito que carrego muito dessa atitude na minha personalidade de hoje.

ACREDITE NOS SEUS SONHOS

FOI NA RUA ONDE MORÁVAMOS QUE OS MEUS SONHOS GANHARAM ASAS E FORAM SE TRANSFORMANDO, ADQUIRINDO NOVAS FORÇAS E NOVAS FORMAS.

Todas essas memórias são muito boas para mim. Em pouco tempo, aprendi a ler, escrever, desenhar e inventar histórias divertidas para ver meus familiares sorrindo. A iniciação na escola mudou a minha forma de ver o mundo e foi muito importante e decisiva naquele contexto.

A minha mãe trabalhava em casas de família, como empregada, fazia faxinas e lavava roupas para fora. Já em relação ao meu pai, eu não entendia muito bem o que ele fazia como ofício; não dava para compreender bem qual era seu *métier*. Lembro que ele trabalhou como operador de máquinas de uma cervejaria chamada Brahma que ficava a poucos metros de onde a gente morava. Depois vi ele trabalhar como taxista, e, mais tarde, montar uma bodega na comunidade. Mesmo com tantas atividades claras de trabalho, sempre havia algo que eu não conseguia compreender: a relação dele com a polícia, o crime e as drogas.

Na época da bodega, descobri uma coisa que eu fazia muito bem: adorava conversar e ouvir os adultos. Achava aquilo tudo muito interessante e ficava horas ouvindo as histórias, os dramas e as aventuras de quem tinha experiência na vida. Mesmo que eu não estivesse participando diretamente da conversa, gostava de ficar por perto, ouvindo tudo.

Pra conversar, eu procurava sempre as pessoas mais velhas, mas na hora de brincar, corria para os amiguinhos da minha idade. Passei a infância e a adolescência nesse equilíbrio entre diálogo e diversão, o que me fez ler a vida com mais leveza e humor.

Um dos primeiros sonhos que visitou o meu coração e que estava ligado ao humor foi quando eu quis me tornar um palhaço, um palhaço de verdade! Não me recordo com clareza a idade que eu tinha na época, mas sei que chegou um circo, um daqueles circos clássicos de comunidade. Naquele período, havia surgido um fenômeno que partiu de Itapipoca, município do Ceará, para ganhar o Brasil todo. Era o palhaço Tiririca e eu me amarrava naquela sua música "Florentina", gostava de imitá-lo e, quando um circo veio se instalar perto da minha casa, juntou-se a fome com a vontade de comer. Vi ali a possibilidade de transformar em realidade o sonho de ser palhaço.

Tratei logo de entender como funcionava o circo. Tive contato com os palhaços que iam comprar merendas na bodega da minha família e lembro que consegui convencer um deles a me pintar igual a um palhaço de verdade! E assim foi feito. Só de lembrar disso, os meus olhos brilham e o meu coração palpita de emoção.

ESTOU DEIXANDO ESSAS LEMBRANÇAS EMERGIREM PARA TORNAR PALPÁVEL O ENREDO DA MINHA HISTÓRIA. QUANDO CRIANÇA, EU ME DIVERTI MUITO E APRENDI MUITO, APESAR DOS PESARES.

Tenho esse registro na memória, mas também em foto: eu parado ali, vestido de palhaço, com o rosto pintado, uma camisa da Família Dinossauros que estampava o personagem Baby, e um chapéu parecido com o do Tiririca. Na época, esse desejo era tão forte no meu coração de criança que cheguei a conversar com os meus pais sobre a possibilidade de ir embora com o circo e viver no mundo circense. Eles não permitiram. E hoje eu compreendo.

Estou deixando essas lembranças emergirem para tornar palpável o enredo da minha história. Quando criança, eu me diverti muito e aprendi muito, apesar dos pesares. Eram tantas as brincadeiras... Soltar pipa, jogar bola, bolinha de gude, pião, entre outras; tudo isso era possível, mas sempre dentro dos limites estabelecidos, ou seja, brincar na frente de casa.

Foi na frente de casa que joguei muita bola e foi na rua onde morávamos que os meus sonhos ganharam asas e foram se transformando, adquirindo novas forças e novas formas.

Saltei do sonho de ser palhaço de verdade para o de ser jogador de futebol. Eu tinha entre 7 e 8 anos quando o Brasil foi campeão do mundo, em 1994. Na época, o grande ícone da seleção era o Romário. Ele estava em ascensão e tinha características com as quais eu me identificava, o que me levava a pensar na possibilidade de ser um jogador como ele. Sempre fui baixinho, o menor entre as crianças da comunidade. Na escola e nos lugares que eu frequentava também era o menor, o baixinho, como as pessoas me chamavam; loirinho e pequenino. Mas essas referências em relação ao meu tamanho eram sempre pejorativas e, então, eis que surge o Romário, um baixinho com altivez, marra, postura e presença!

A Copa do Mundo de 1994 marcou uma geração, me apresentou um ídolo e me projetou para um novo sonho. Romário tinha firmeza e entregava o que prometia dentro de campo. Aquilo me inspirava, achava tudo muito interessante e, além do mais, eu compreendia o que era ser um jogador de futebol dentro na nossa sociedade: um espaço privilegiado de conquistas e de sonhos.

O PESADELO INVISÍVEL

ACREDITO NA VIDA E SEI QUE ELA SEMPRE VAI SE DESVENDAR DIANTE DE NÓS COMO REALMENTE É. ELA NOS INVADE SEM PEDIR LICENÇA.

Foi nessa época que comecei a perceber que a minha família tinha envolvimento direto com o crime. Com o sonho de jogar futebol no coração, comecei a assimilar o jogo que rolava na minha área, na minha casa, entre os meus familiares, e como o meu pai atuava entre armas, drogas, dinheiro e poder.

Tive o meu primeiro contato com uma arma de fogo aos 8 anos, por intermédio do meu pai, que me apresentou àquele objeto porque me viu chorar quando furei uma bola que eu havia ganhado no dia das crianças numa ação comunitária na favela. A bola era dente de leite e, simbolicamente, representava muito para mim. Mas esse símbolo logo deu lugar a outro: uma arma que o meu pai me fez segurar com firmeza, mandando eu refletir sobre as lágrimas que escorriam pelo meu rosto. Naquela ocasião, ele me disse que homem não chorava, e que o peso daquela arma ia me mostrar o que era coisa de homem.

A partir de então, comecei a ficar atento a esses sinais específicos do mundo do crime que eram visíveis dentro da nossa casa. O meu irmão mais velho foi preso pela primeira vez aos 8 anos. Os meus tios e o meu pai estavam completamente mergulhados naquele universo. Percebi também que o crime tinha uma lógica e uma hierarquia, e que tudo aquilo era uma realidade muito próxima a mim. Não era um filme, era a minha vida, a minha família, e eu era uma criança tentando compreender todas as ramificações desse contexto.

A minha mãe, que sempre se posicionou contra essa realidade, ficou chateada com o meu pai por causa do revólver que ele me fez segurar, e os dois tiveram uma discussão sobre esse assunto. Um tipo de discussão que passou a ser recorrente por muitos anos.

Comecei a entender que a minha mãe atuava como uma espécie de contraponto; era ela que ponderava essa relação, tentando estabelecer limites sobre essa questão! E, a partir dali, vi que a minha vida era aquela, com todos os seus atores e os papéis que eles desempenhavam.

Acredito na vida e sei que ela sempre vai se desvendar diante de nós como realmente é. Às vezes, é fácil de entender, outras vezes, é duro de engolir, mas ela nos invade sem pedir licença.

Aprendi a lidar de forma natural com o que era chocante, algo muito comum na periferia, onde aprendemos a viver e a lidar com situações às vezes sub-humanas, surreais, e somos educados no sentido de normalizar essas coisas, convivendo com elas como se fossem coisas normais, cotidianas — na verdade, elas passam a ser isso mesmo.

Como acontece com todo processo de ensinamento profundo na vida, nada se dá a entender ou a perceber de uma hora para outra, e, no meu ambiente familiar, enfrentamos muitos momentos de crise.

Foi só então que compreendi por que tudo oscilava tanto: havia momentos em que tínhamos muito dinheiro, comíamos bem; em outras ocasiões, chegávamos a passar fome.

No começo, achei que o meu pai tinha armas para se proteger, mas, com o passar do tempo, vi que elas também eram parte de um sistema de assaltos, fruto de venda e de compra de drogas e de outras armas. E que, por isso, o meu pai tinha uma boa relação com a polícia que fazia parte daquele esquema.

No entanto, só quando descobri que o meu pai era dependente químico do crack é que consegui fechar o círculo e compreender o desequilíbrio constante que havia em nossa família.

Agindo sempre como guardiã, a minha mãe tentou de tudo — e com todas as suas forças — para nos erguer e nos conduzir; chegou a recorrer a uma igreja evangélica para sarar as suas dores e pedir uma intervenção divina por nós. Ali, ela recebeu apoio, tanto logístico quanto espiritual, pois o trabalho da igreja não era apenas voltado para o campo da crença. Pude perceber que eles faziam um enorme esforço para atuar em causas sociais e ajudar de fato pessoas que se viam perdidas. Nas periferias, onde não se dispõe de muitas referências de auxílio e onde se vive cercado pelo descaso do Estado brasileiro como um todo, é comum as igrejas se tornarem lugar de ajuda e de refúgio.

É FUNDAMENTAL CONFIAR NA PRÓPRIA FORÇA

TEM UMA COISA QUE ME MARCOU MUITO, E QUE ME CAUSA IMPACTO ATÉ HOJE QUANDO OLHO PRA MINHA MÃE: SEMPRE A VI DE PÉ!

Enquanto a minha mãe se voltava cada vez mais para o evangelismo e o trabalho, o meu pai se afundava cada vez mais no crime e nas drogas.

Tem uma coisa que me marcou muito, e que me causa impacto até hoje quando olho pra minha mãe: sempre a vi de pé!

Já presenciei inúmeras cenas dolorosas, tive diálogos muito intensos com ela, choramos e sorrimos juntos. Mas sempre a vi de pé. Já vi a minha mãe ferida, magoada, profundamente triste e debilitada sob vários aspectos, mas nunca a vi no chão, nunca a vi desistir. Esses valores de perseverança são uma de suas características mais marcantes, e acredito que foi dela que herdei essa força para persistir, e persistir sempre.

Foi em meio a esses contrastes que vi chegar a minha adolescência: por um lado, a minha mãe na luta para se manter em pé e não deixar que a família caísse; por outro, o meu pai sucumbindo, se desfigurando e pondo a vida em risco. Daí para a frente as coisas só se agravaram.

Houve um momento em que o meu pai passou a vender tudo o que tínhamos. Certa vez, estávamos em casa — uma das duas que tínhamos na Zareia —, eu, minha mãe e Matheus, meu irmão mais novo, que nasceu quando eu tinha 10 anos. Era um dia comum, até que, de repente chegou uma mulher na porta, bateu palmas, chamou minha mãe de Lôra, nome pelo qual ela era conhecida na comunidade, e anunciou que tinha comprado a nossa casa. A minha mãe ficou surpresa, e todos nós também. Então a mulher explicou que o meu pai havia vendido a casa e que tínhamos um prazo para sair dali! Foi uma negociação feita sem consentimento de ninguém; o meu pai simplesmente vendeu a casa por conta própria e, o que era ainda pior, já tinha passado a mão no dinheiro, dinheiro que acabou virando cinzas, pois foi usado integralmente para consumir crack.

QUANTO VALE UM SONHO?

Essa foi uma época bastante dolorosa em que vimos muitas coisas que levaram anos para ser construídas se esvair diante de nossos olhos. Claudiane tinha ficado grávida e foi embora de Fortaleza com o pai do seu filho. Então, agora, éramos só a minha mãe, o meu irmão mais novo e eu. O meu pai estava vivo, mas nenhum de nós tinha mais qualquer esperança na sua recuperação. O crack o desfigurou em todos os sentidos: ele perdeu peso, perdeu dinheiro, perdeu credibilidade e mergulhou num mar de mentiras no qual só fez se afogar cada vez mais.

Nesse período conturbado, eu tinha entre 12 e 14 anos e não tardou para que a nossa minha família conhecesse o fundo do poço. Vivíamos nos equilibrando numa linha tênue entre a felicidade difusa e uma profunda tristeza.

Foi então que a minha mãe tomou uma atitude que mudaria o curso de nossas vidas: para salvar o último imóvel que nos restava, ela fez uma troca por uma nova casa localizada num bairro próximo da orla de Fortaleza, longe do nosso lugar de origem. O que ela pretendia, com esse novo refúgio, era nos afastar do lugar que, acreditava ela, exercia todas as influências negativas que acabaram levando a nossa família àquela situação.

Fomos morar em uma comunidade chamada Caça e Pesca, mas aquilo era mais uma fuga do que uma mudança.

EM BUSCA DE UMA VIDA NOVA

NA MUDANÇA NÃO TÍNHAMOS MUITO O QUE LEVAR, LEMBRO DE UMAS PANELAS DENTRO DE UM BALDE, MEUS MATERIAIS DA ESCOLA, POUCAS COISAS DO MEU IRMÃO PEQUENO E A ROUPA DO CORPO.

QUANTO VALE UM SONHO?

Mudamos de moradia, mas eu não mudei de escola. Continuei estudando na Arquiteto Rogério Fróes onde fiquei até concluir o ensino médio. Essa permanência na escola me fazia manter os laços com a comunidade da Zareia.

Porém, mesmo com essa mudança de casa e de bairro, o meu pai continuou com os mesmos hábitos, e tudo foi piorando radicalmente. Ele não deixou o vício e acabou levando a minha mãe ao limite. Ele estava completamente sem perspectiva: passou a vender objetos, móveis, tudo que encontrasse dentro de casa. Mas a gota d'água foi quando ele vendeu o berço do meu irmão mais novo enquanto a minha mãe estava no trabalho. Aí não deu mais pra aguentar, ela decidiu que era hora de um corte radical!

Era a última coisa que nos restava e, então, fugimos.

Na mudança não tínhamos muito o que levar, lembro de umas panelas dentro de um balde, meus materiais da escola, poucas coisas do meu irmão pequeno e a roupa do corpo. Dessa vez, seguíamos só nós três.

DIANTE DO DESCONHECIDO

ACONTECEU ALGO QUE REVOLUCIONOU A MINHA TRAJETÓRIA, ME FEZ OLHAR O MUNDO DE FORMA DIFERENTE.

QUANTO VALE UM SONHO?

Mesmo com todas as dores inerentes ao mundo do crime; mesmo com todos os exemplos que eu tive diante de mim, ainda me restavam umas poucas opções reais de conseguir reerguer minha família e sair daquela situação de extrema pobreza e ausência de paz. Admito que pensei e sonhei me tornar o sucessor do meu pai na hierarquia do crime. "Quem sabe não consigo fazer um caminho diferente?", era o que eu pensava. E isso mostra o quanto perdemos por falta de referência e por falta de condução segura.

Eu poderia ter seguido o rumo que tinha bem diante dos olhos, trilhado o caminho do crime e, muito provavelmente, não estaria aqui hoje, contando a minha história pra você. Mas aconteceu algo que revolucionou a minha trajetória, me fez olhar o mundo de forma diferente, me ajudou a me refazer diante de tanto revés e, sobretudo, a honrar a minha história e a minha família.

Na casa onde fui morar com minha mãe, tínhamos pouquíssimos recursos e uma estrutura mínima, abaixo do básico necessário para um convívio em família. Não havia energia elétrica; tínhamos um fogão de duas bocas, mas só uma funcionava, um banheiro muito deteriorado e estávamos entre um terreno baldio e um córrego de água escura. O terreno baldio era nosso quintal e dava acesso a uma vista ampla de matagais, animais e lixo. Mas eu descobri que aquele lugar era bonito quando olhávamos pra cima: o céu era perfeito.

Foi cercado por esse cenário e envolto no sonho de vencer no crime que conheci um projeto social de artes integradas, chamado Projeto Enxame, que ficava numa comunidade próxima. Fui com um amigo, seduzido pela ideia de grafitar o muro da minha escola, pois o anúncio do projeto, que chegou até nós pelas ondas sonoras de uma rádio comunitária, dizia que teríamos aula de grafitagem. Fiquei fascinado pela possibilidade de desenhar com spray nas paredes ideias do meu imaginário e, assim, ganhar respeito entre os colegas de escola e da comunidade.

O Projeto Enxame oferecia várias oficinas de arte e, aos poucos, fui descobrindo quais eram elas e desenvolvendo aptidão para algumas. Tínhamos aulas de break dance, de fotografia, de teatro, de artes plásticas, de graffiti, de desenho e HQ, entre outras. Mas foi em uma determinada atividade que senti que minha vida mudaria; foi numa determinada aula que percebi o poder da educação, o valor da arte e seu potencial transformador na vida das pessoas.

Em uma das aulas do projeto, fomos convidados a falar e a ouvir sobre poesia. Era uma oficina de rap com poesia! Confesso que, a princípio, achei que aquilo não tinha nada a ver comigo e que poesia não seria algo tão interessante quanto as aulas de grafitagem, mas permaneci na sala, aguardando atentamente as informações da professora anfitriã, a socióloga Gloria Diógenes.

Foi então que ela anunciou que íamos nos deter na vida e obra de Carlos Drummond de Andrade e nos lançou o primeiro poema, um poema que repetia como um mantra a frase: "TINHA UMA PEDRA DO MEIO DO CAMINHO."

No meio do caminho tinha uma pedra!

Aquele momento foi arrebatador pra mim. Foi duro e suave. Foi contundente e leve. Foi inquietante e confortador. Foi abrasador! Quando eu ouvi pela primeira vez a poesia de Drummond, senti uma identificação instantânea com a minha realidade. Senti uma conexão real com a minha história de vida.

Tinha acabado de ouvir um poema que traçava um duro e expressivo retrato de minha vida! Num ímpeto, disse em voz alta: Carlos Drummond de Andrade está falando do crack! A pedra no meio do caminho é o crack!

QUANTO VALE UM SONHO?

Passou-se um filme inteiro na minha cabeça; um filme sobre a recente história do meu pai, da minha família e de como o crack se tornou essa pedra no meio do nosso caminho. E vi aquele conteúdo fazer um sentido extraordinário.

Aprendi então como é importante que a educação estabeleça uma relação entre o conteúdo ensinado e a vida das pessoas.

Acredito que, ainda hoje, este é um dos maiores desafios da educação entre nós: levar aos alunos um conteúdo real, palpável.

Percebi que a poesia do Drummond trazia uma escrita simples e de fácil compreensão. Percebi que, para dizer muito a um coração podemos também dizer pouco, pois o que de fato move nossas emoções não é a quantidade de palavras, nem o quão requintadas elas são, mas, sim, a profundidade da mensagem e a intensidade do discurso.

Naquele dia um horizonte se abriu diante de mim. A poesia me fisgou e eu nunca mais fui o mesmo.

FELIPE RIMA

CÉU

A Lua é divina!
Tão meiga e doce que divide a sua luz com toda a Terra.
Eu acho que ela é prima do Sol, pois são muitos parecidos.
Acredito que eles combinam de um trabalhar à noite e o
[outro durante o dia.
Não são egoístas.
Eles dividem a sua luz com todos nós.

Olhando para o céu, vejo a noite escura...
O céu é lindo e estrelado!
Mas, se eu olho mais atentamente,
sou capaz de ver as estrelas brincando de ser feliz!

Percebo que uma sorri e outra pula de alegria.
Mas tem outra que chora de tristeza.
É então que elas se reúnem e consolam aquela que chora.

Assim como nós, elas também caem.
E é na queda que elas conhecem um outro mundo.

Às vezes eu vejo o cavalo de São Jorge na Lua.
E se olho pro Sol, vejo o profundo olhar de Deus sobre a Terra.

O Sol é uma criança, que só se acalma ao fim de tarde.
Pois, já está cansado e quer dormir.
A Lua é uma dona de casa que chega somente à noite
para cuidar e acalentar seus filhos.

QUANTO VALE UM SONHO?

As nuvens não param. Sempre em movimento, seja dia ou
[seja noite.
Como na correria dos trabalhadores.
As nuvens vão passando e visitando a cada dia lugares
[diferentes.

Pra você o Sol e a Lua podem ser de outra forma,
mas esse é o meu Céu.[1]

---

[1] Esto é um dos primeiros poemas que escrevi, aos 14 anos, logo depois que comecei a frequentar o projeto social Enxame. Ainda sem muitos adornos literários, o texto expressa a nova leitura do mundo que passei a fazer e o impacto da beleza que vi no quintal da casa onde fomos morar, na comunidade Pau Fininho.

NO MEIO DO CAMINHO TINHA A POESIA

A MINHA EXPECTATIVA ERA LER TODOS OS LIVROS E ALIMENTAR A MINHA MENTE E A MINHA ALMA, MAS A REALIDADE FOI OUTRA.

QUANTO VALE UM SONHO?

Costumo dizer que, naquele momento, vivi uma intervenção que gerou uma revolução, ou melhor, inúmeras revoluções na minha vida.

A intervenção foi o projeto em si e, dentro dele, a atividade proposta pela professora, pela educadora. E a revolução foi o fato de que, pela primeira vez no meu histórico escolar, eu quis ir à biblioteca da escola por vontade própria. Era como se a poesia tivesse me guiado para o mar do conhecimento.

Foi o que aconteceu. Fui à biblioteca, escolhi cinco obras de autores variados, assinei um termo de responsabilidade e corri para casa com os braços cheios de livros e o corpo todo tomado por uma ansiedade que mal cabia em mim.

Eu queria saber onde tinha mais poesia. Em que terra habitava tanta inspiração e onde eu poderia encontrar textos e histórias que estivessem conectadas com a minha própria história de vida.

A minha expectativa era ler todos os livros e alimentar a minha mente e a minha alma, mas a realidade foi outra. Os livros me trouxeram um sentimento inesperado: frustração. Não pelo seu conteúdo, mas sim porque descobri que eu não tinha sido educado para ler. Não sabia interpretar o que lia, não tinha um vocabulário desenvolvido, e aqueles livros, que eu esperava que fossem me abrir outros horizontes, na verdade me confrontaram, me frearam.

Era como se eu estivesse a 130 km/h e tivesse que dar uma freada brusca. Senti uma dor enorme, a dor de não entender com clareza o que a vida está querendo dizer naquele momento. A dor de não conhecer. A dor de não conseguir avançar sem, antes, passar pelo árduo processo de aprender.

Foi então que aquela frustração se transformou num sentimento de liberdade e de criatividade. Lá dentro de mim, senti uma voz gritar: VAI LER AS COISAS!

PART
VALL
COIS

MEU SONHO

Eu só quero poder viver meu sonho.
Cantar a vida nos palcos, a vida que componho.
Não quero gotas de alegria, eu quero o mar de felicidade,
vivendo cada sinfonia como quem vive uma mocidade.
Nesse mundo tão injusto, o que eu posso querer?
O que eu posso ter? Eu quero a paz do amanhecer.

Revirar discos e livros, buscando a essência da vida.
Revirar meus sentimentos, sentindo pulsar a vida.
Eu quero meu quarto bagunçado, mas meus olhos felizes.
Quero riscos, beijos e aprender nos deslizes.
Eu vivo buscando viver dias risonhos.
Na moral, eu só quero poder viver meu sonho.

O que muitos chamam de intuição, naquele momento eu chamei de *ideia*. Tive a ideia de ler as coisas. E saí na rua para ler. Lá estava eu, com os olhos atentos, a audição aguçada, lendo tudo e todos, com todos os meus sentidos. A rua, os transeuntes, os sons, as cores, a arquitetura, o cotidiano, os personagens, a narrativa do meu lugar, do mundo que me cercava. Nada mais passava por mim sem que eu lesse.

    E foi lendo as coisas que atendi ao chamado de escrever. Eu tinha 14 anos e, usando mais um sentido, o tato, me apoderei de uma caneta Bic, um caderno barato e derramei ali os meus sentimentos.

POESIA DE DENTRO E DE FORA

COM POESIA DENTRO DE MIM E A VIDA NA PONTA DA CANETA EU ASSUMI O PAPEL DE TAMBÉM NARRADOR DA MINHA PRÓPRIA HISTÓRIA.

QUANTO VALE UM SONHO?

Como um catalisador de emoções e de vivências, a inspiração irrigou o campo fértil da minha mente, fazendo germinar sementes rimadas, palavras que ganhavam formas incríveis e narravam fielmente o que eu vivia.

Ainda não sabia, mas já sentia que dali nasceria o meu primeiro poema.

Depois de traduzir em palavras o que eu tinha lido com os olhos e materializar o meu primeiro poema, fiquei em êxtase. Absolutamente impactado! Era como se aquela composição não fosse um texto comum. Ao ler, fui percebendo que, além de ser uma crônica social, aquele texto desempenhava um papel específico: trazia aceitação e inspirava luta; me dava autoestima e me fazia visitar as dores com hombridade. Essa experiência me fez bem, me transformou, fazendo com que eu me tornasse um ser diferente, apesar de estar olhando para a mesma realidade de sempre. Ao mesmo tempo em que a poesia me confrontava, ela me curava e me salvava.

Mais que depressa, corri para anunciar aquilo aos amigos. Era algo tão profundo e transformador que não consegui guardar a sensação só pra mim. Senti que precisava compartilhar. E, naquele lugar onde tudo parecia ser projetado para nos diminuir, nos reprovar, nos boicotar e nos frustrar, eu trazia agora, guardado no brilho dos olhos, o sentimento raro e precioso de ter feito algo de que me orgulhava.

Acredito que o primeiro impacto causado em mim pela arte, além do deslumbramento como espectador, foi esse: o sentimento de ter feito algo que me dava orgulho. E hoje sinto que, muitas vezes, a gente só precisa disso pra dar início a alguma coisa que pode vir a ser grandiosa em nossas vidas. Orgulho.

Desse momento em diante, passei a ver o mundo e mesmo a viver de forma diferente. Com a inserção no projeto social e a arte como fio condutor, me tornei mais politizado, mais crítico em relação à minha realidade, mais questionador e, com isso, passei a realizar mais coisas produtivas. Assumi o protagonismo da minha própria história.

Para que você entenda melhor essa transição, vou contar um pouco sobre como passou a ser meu dia a dia naquela época.

Com poesia dentro de mim e a vida na ponta da caneta, assumi também o papel de narrador da minha própria história. E por meio dessas atividades externas e paralelas à escola, fui tendo dimensão da vida como um todo.

Toda semana, lá estava eu participando das atividades do projeto. É importante destacar que o que aconteceu não foi uma mudança radical na estrutura do meu mundo, algo que se deu assim do dia para a noite. Mas houve, sim, uma mudança radical em termos do meu acesso ao conhecimento.

O CONHECIMENTO É FERRAMENTA DESBRAVADORA, É FORTALECIMENTO, É FIO CONDUTOR DE MUITAS REALIZAÇÕES. O CONHECIMENTO TRAZ OUSADIA, E OUSADIA ROMPE BARREIRAS, OUSADIA MULTIPLICA AS NOSSAS POSSIBILIDADES.

SONHAR OU SOBREVIVER?

SOBREVIVER ERA O MAIS IMPORTANTE. MAS PASSEI A QUESTIONAR A SOBREVIVÊNCIA, PASSEI A QUERER VIVER E DAR QUALIDADE DE VIDA PRA MINHA FAMÍLIA!

Não dá para esquecer, porém, que eu continuava fazendo parte da mesma família; continuava a conviver com os mesmos problemas, a morar na mesma comunidade e a lidar com os mesmos desafios.

Então precisava conciliar os diversos aspectos da minha vida: ir para o projeto semanalmente, ir para a escola e administrar os conflitos pessoais dos meus familiares. Tudo isso acontecia simultaneamente.

Muito cedo, comecei a trabalhar para ajudar a minha mãe. A prioridade sempre foi ter o que comer. Depois, a gente via o que poderia botar dentro de casa. E foi com ela que aprendi que o trabalho era um caminho que trazia dignidade.

Trazendo agora em mim a habilidade de ler as coisas, eu lia: o meu pai continuava mergulhado na dependência química do crack. O meu irmão mais velho estava preso na penitenciária. A minha irmã mais velha tinha engravidado aos 16 anos de idade e fugiu para bem longe de Fortaleza. O meu irmão mais novo tinha 4 anos de idade e ficava às vezes numa creche. Ele não lia o mundo como eu. A minha mãe continuava trabalhando e chorando dores que eu não conseguia compreender completamente. E eu, um menino de 14 anos, tinha muitas vezes que decidir qual seria a melhor escolha para o momento: se eu ia para a escola no período da tarde ou se aproveitaria aquele tempo para catar latinhas e ajudar na manutenção da casa com o dinheiro da casqueiragem, nome que se dá ao ato de vasculhar o lixo em busca do sustento.

Era raro eu deixar de ir a sessões do projeto de artes; em muitas ocasiões, porém, deixei de ir à escola.

Lembro que aquele foi um período muito confuso pra mim. Aos 14 anos, passei a ser o homem da casa. Isso significava que, para a gente comer, beber, ter energia, água e moradia, eu tinha

QUANTO VALE UM SONHO?

que ganhar dinheiro, ser o provedor da família em parceria com minha mãe. Éramos só nós dois.

Estávamos enfrentando muitos desafios sentimentais, experimentávamos dores profundas, tínhamos feridas abertas, mas precisávamos seguir em frente. Entre o medo de nunca mais ver o meu pai com vida e a incerteza de não saber o que vai ser o almoço ou a janta, a indefinição do futuro familiar era algo cortante e duro demais.

Minha mãe e eu nos tornamos grandes amigos e estabelecemos uma parceria que transcenderia os tempos. Resolvemos arregaçar as mangas e trabalhar, conciliar todos aqueles aspectos da vida e acreditar que um dia conseguiríamos ver a linha do horizonte. No fundo a gente sentia que ver o horizonte nos traria alento e força. Sobretudo nos apresentaria uma nova vida, uma vida que nos possibilitaria escolher para onde ir sem ter que continuar apenas seguindo os caminhos em que as placas norteadoras do percurso são apresentadas pelas dores.

A escola, o projeto social e a rua me alimentavam. Foi por meio dessa alquimia que enriqueci o meu repertório e me tornei um cara mais preocupado em aprender. Eu sabia que precisava de conhecimento, mas me sentia fraco, me sentia imaturo e pouco preparado pra lidar com o que eu queria viver de verdade. Foi muito difícil me equilibrar nessa corda bamba sem cair nos braços do crime.

Sobreviver era o mais importante. Mas passei a questionar a sobrevivência, passei a querer viver melhor e dar qualidade de vida pra minha família! Mesmo sabendo que havia um árduo caminho pela frente, juntei meus pedaços, desci para a arena me sentindo maior do que qualquer problema e resolvi desbravar novos campos até encontrar o meu caminho, um caminho de paz que propusesse uma troca justa de saberes. Só assim eu poderia olhar para o mundo na horizontal e fazer com que o mundo também me olhasse desse jeito.

    Entre o sonho e a realidade existe todo um universo a ser desvendado. E o ato de sair caminhando me revelou a atmosfera dos trabalhos informais. Trabalhei como flanelinha, fiz carrego na feira com carrinho de mão, vendi coco na praia, fui ajudante de garçom, me aventurei pela jardinagem, empilhei sacos de carvão, e tudo isso por alguns trocados. Eram contratos feitos de boca e selados com apertos de mãos, nem sempre honestos, mas eu sempre voltava pra casa com uma grana que, na maioria das vezes, só durava uma noite ou um dia, o que me obrigava a ir de novo pra rua em busca de mais algum dinheiro. Segui assim até vislumbrar um trabalho melhor, algo que eu poderia achar divertido e que também me trouxesse a grana necessária pra sobreviver.

OUTRAS DESCOBERTAS EXTRAORDINÁRIAS

NÃO CONSIGO MENSURAR A FELICIDADE QUE SENTI NAQUELE MOMENTO. ESTAVA DIANTE DA OPORTUNIDADE DE TER UM TRABALHO MAIS SÉRIO, QUE ME DARIA MAIS CONDIÇÕES DE ME SUSTENTAR.

Um dia, porém, aconteceu mais uma mudança. Eu estava fazendo o trajeto de cerca de 3 km para deixar o meu irmão mais novo na creche. Percorria aquele trecho todos os dias, de bicicleta ou a pé, mas, dessa vez, percebi que havia um lugar grande ali nas redondezas, bem arborizado: um estacionamento com carros luxuosos e um ambiente aprazível. Resolvi passar lá, quando voltasse da creche. E foi o que fiz. Cheguei, encostei minha bicicleta e falei com uma pessoa que se apresentou como Seu Pedro, o zelador do lugar. Era um homem de baixa estatura, cabelos brancos, que devia ter uns 60 ou 65 anos e me disse que trabalhava ali há muito tempo. De vassoura na mão, ele saiu caminhando, varrendo e me explicando o que acontecia ali.

Naquele local funcionava uma academia de tênis. Assim que fiquei sabendo disso, tratei logo de perguntar se tinha algum emprego, algum trabalho pra mim. Seu Pedro me olhou, me viu pequenino, e talvez tenha se perguntado o que um menino como eu achava que podia fazer ali. Mas, na verdade, o que ele perguntou foi: Você tem tênis? Eu nem sabia a diferença entre tênis e sapato, mas como eu tinha algo que calçava para ir à escola, respondi que sim. Então, ele disse que eu poderia me encaixar numa das vagas de boleiro. Apesar da palavra sugerir alguém que fabrica bolas, boleiro é o nome que se dá aos gandulas do jogo de tênis.

Perguntei se precisava de algo mais e Seu Pedro me respondeu que eu teria que "marcar Sete" e lançar as bolas corretamente para os jogadores. Não me fiz de rogado e disse que voltaria já arrumado para trabalhar. "Vá com calma", disse ele, e sugeriu que eu voltasse no sábado, lá pelas sete horas da manhã e procurasse o Júnior, que era uma espécie de encarregado dos boleiros. Foi o que fiz, mas, como disse antes, já fui preparado para trabalhar.

QUANTO VALE UM SONHO?

Não consigo mensurar a felicidade que senti naquele momento. Percebia que estava diante da oportunidade de ter um trabalho mais sério, algo que me daria certa segurança financeira e mais condições de me sustentar. Assim que cheguei em casa, conversei brevemente com a minha mãe sobre o assunto. Ela disse que eu poderia ir e, naquela noite, quase não dormi de tanta ansiedade.

No sábado, lá estava eu às seis da manhã, com meus tênis nos pés e um sonho na cabeça. Esperei a academia abrir. Como Seu Pedro não estava, procurei o tal do Júnior.

Ele me olhou de baixo pra cima e de cima pra baixo e me perguntou o que eu estava fazendo ali. Quando respondi que o Seu Pedro havia me enviado, Júnior sorriu com desdém e perguntou o que eu queria. "Trabalhar!", respondi. Ele sorriu de novo, mais alto, balançando a cabeça em sinal de negação.

Então me encarou e perguntou se eu sabia marcar SET. Não me permiti dizer que não! Claro que eu não sabia. "Mas", pensei, "se eu disser que não, vou perder a oportunidade de aprender". Preferi correr o risco de sair dali chutado por não saber marcar set do que perder a oportunidade de aprender e me tornar um boleiro que levaria algum sustento pra casa.

Para minha surpresa, Júnior me disse para voltar no dia seguinte, às sete. Mas aquilo não me bastava, então perguntei: "Não posso começar agora?" Ele parou, ficou em silêncio, só me olhando. Talvez estivesse me lendo. Até que quebrou o silêncio disse: "Vai, começa! Mas vê lá, não vai fazer besteira!"

É difícil explicar como me senti naquele momento. Dentro de mim havia um misto de alívio e de tensão que quase não consegui administrar. Mas eu precisava continuar. Tinha que seguir em frente! Não podia parar agora!

UM NOVO COMEÇO

E NAQUELE DIA FUI DORMIR COM O CORPO TODO DOLORIDO, MAS COM A SENSAÇÃO DE DEVER CUMPRIDO.

QUANTO VALE UM SONHO?

O meu primeiro dia foi um completo desastre. Errei tudo! Chorei sem lágrimas nos olhos de tanta aflição. Não marquei os sets de forma correta e recebi muitas críticas e esculachos dos jogadores. Foi devastador. Eu me senti um nada. E fui tomado por uma tristeza muito grande. Além de não saber marcar o set, devolvi as bolas erradas, e logo concluí que seria mandado embora no meu primeiro dia. Consegui ganhar R$ 8,00 pelos serviços prestados, mas estava envergonhado. E sei o quanto não ter conhecimento pode nos envergonhar. Muitas vezes, é isso que nos faz parar na vida: vergonha de nós mesmos. Quase sempre são pequenas questões, bem simples de serem resolvidas, mas o mundo é duro e não está disposto a ensinar. As pessoas vivem cometendo o grave erro de não ter tempo ou simplesmente não querer ensinar e guiar os outros. E, naquele momento, só me restava amargar a sensação de incompetência.

Fui ao encontro do Júnior que, já com um humor melhor, disse que eu tinha feito muita besteira e ainda precisava aprender muito. Mas que poderia voltar no dia seguinte. Logo em seguida, porém, foi enfático na pergunta: E aí? Já aprendeu a marcar o SET?

Respirei fundo e, com a voz trêmula e com os olhos brilhando, respondi: "Ainda não! Mas vou aprender amanhã!" E fui pra casa com oito reais no bolso e milhares de emoções no coração.

Na caminhada de 3 km a pé, tive tempo para pensar muito. Consegui me recompor para chegar em casa orgulhoso e mostrar pra a minha mãe que tinha vencido mais um dia por nós.

Assim que cheguei, percebi que os meus tênis de ir pra escola estavam cobertos de barro das quadras, e foram os mesmos que usei por muito tempo, tanto para ir pra escola quanto para continuar trabalhando como boleiro. No primeiro dia, tratei de lavá-los, mas depois vi que não adiantava tentar tirar a cor do barro: o ideal seria que eu tivesse um par de tênis para cada atividade. Isso, porém, era completamente inviável naquelas condições, já que eu ganhava uma diária de R$ 8,00.

Como de costume, conversei com a minha mãe sobre o meu dia e ela quis saber de tudo, com detalhes. Eu disse que tinha sido muito bom e que voltaria no dia seguinte. "Fui aprovado!", exclamei, entregando todo o dinheiro nas mãos dela, pois sabia que ela teria como administrá-lo melhor do que eu. E naquele dia fui dormir com o corpo todo dolorido, mas com a sensação de dever cumprido.

Passei muito tempo dividindo as coisas daquele jeito: trabalhava na academia de tênis nos finais de semana e, de segunda a sexta, levava a mesma vida de sempre. Tinha a escola, o projeto de artes, os trabalhos informais e os costumeiros desafios pessoais e familiares.

No projeto, eu me envolvia em tudo que podia, participava de todas as aulas. A arte me alimentava, me educava e me ensinava a ler melhor o mundo. Uma das oficinas de que eu gostava era a de teatro, onde se trabalhava o corpo, a mente, o texto, a leitura e a sensibilidade. Numa das etapas da oficina, tínhamos que nos preparar pra apresentar um espetáculo no Teatro José de Alencar, um teatro clássico no Ceará. Para isso, precisaríamos de alguns ensaios, que aconteceriam aos sábados. Mais uma vez, a vida estava me botando em xeque! Teríamos que ensaiar nos mesmos dias e horários do meu trabalho na academia de tênis e, dessa vez, não era possível conciliar as duas coisas. Eu precisava fazer uma escolha.

MOMENTO DE DECISÃO

EU, UM MENINO DE 14 ANOS, PRECISAVA TOMAR UMA DECISÃO IMPORTANTE. E SOZINHO.

É um risco muito grande abrir mão de algo que nos sustenta por algo que nos dá prazer, que nos faz bem, mas que, pelo menos naquele momento, não nos dá nenhuma condição de subsistência. Eu, um menino de 14 anos, precisava tomar uma decisão importante. E sozinho. Sem mentores, sem nenhum "conselho consultivo". O que seria melhor pra mim? O que seria melhor naquele momento? O que seria melhor a longo prazo?

Em geral, não somos educados para pensar a longo prazo: a vida acontece hoje e pagamos alto por ela. Lembro-me de refletir muito sobre essa decisão, mas, com uma dúvida enorme cabeça e uma certeza avassaladora no coração, resolvi sair do trabalho na academia de tênis. Dediquei todo o meu tempo a conseguir alguma grana em todas as brechas de tempo que conseguia encontrar durante a semana e, nos fins de semana, eu agora estava entregue à arte.

Depois de tomar essa decisão e, mais adiante, experimentar a realização de atuar num espetáculo diante de um teatro lotado, eu me senti vivo! Cada vez mais a arte me ganhava — e eu a ganhava.

Gradativamente, percebia a transformação e o fortalecimento que todo esse processo me trazia. Passei a ficar mais atento aos sinais, sempre buscando formas inovadoras de conseguir fazer o que eu amava e, ao mesmo tempo, sobreviver no mundo cão. Acabei desenvolvendo aptidão pra novas áreas artísticas e inserindo outras habilidades no currículo da minha vida.

A poesia permaneceu uma presença constante, como uma fonte de água que não para de jorrar. Eu recorria a ela pra tudo na vida. Em conversas, era comum as pessoas perguntarem se eu estava fazendo poesia. Ela simplesmente fluía. Certa vez, uma professora chamou minha atenção para o fato de eu estar respondendo às atividades propostas com textos rimados. Isso me mostrou o quanto a arte e eu estávamos ficando cada vez mais íntimos.

QUANTO VALE UM SONHO?

A ARTE PASSOU A ME DAR NÃO SÓ PRAZER, ME DEU CONSCIÊNCIA E DIGNIDADE. VISITEI CEDO O SENTIMENTO DE TRABALHAR COM O QUE SE AMA.

Desde criança sempre tive intimidade com o lápis. Adorava desenhar e, inclusive, como já mencionei, foi o graffiti que me levou a participar do projeto de artes. Não demorei muito a trabalhar com ele. Na verdade, tudo foi acontecendo muito organicamente. Passei a ter sede de evoluir, de crescer. Sentia a necessidade de progredir rápido porque já sabia que a vida era dura e que raramente o mundo pisa em cima de quem sabe algo. O graffiti foi a primeira forma de arte que me fez ganhar dinheiro. Aos poucos, comecei a perceber que não precisava mais fazer trabalhos subalternos, humilhantes; não precisava apenas trabalhar sob pressão para conseguir me sustentar e levar comida pra casa. A arte já não me dava só prazer. Ela me deu consciência e dignidade. Muito cedo experimentei o sentimento de poder trabalhar com o que se ama.

Embora todos os que me cercavam ainda tivessem algumas dúvidas a meu respeito, a arte estava me oferecendo mais do que aquilo que se espera de outras áreas de atividade, aquelas que a sociedade geralmente considera como caminhos para o sucesso.

No ano de 2003, aos 16 anos de idade, viajei de avião pela primeira vez, para participar de um seminário de políticas públicas em Brasília. Nessa ocasião vivi muitas coisas pela primeira vez e rompi barreiras históricas pra quem vem de onde eu venho. Foram coisas que hoje julgo simples, mas que, naquela época, e levando-se em conta a minha origem, não seria exagero dizer que eram quase impossíveis. Até mesmo impensáveis! Comi num self-service, dormi numa cama confortável de hotel, tive nas mãos o meu primeiro RG. Ainda por cima, fui aplaudido pelo que disse. Com isso, voltei para casa mais forte, mais confiante e tendo algo para contar aos meus familiares, amigos e vizinhos.

Às vezes, tudo que se quer na vida é ter algo a dizer, uma história pra contar, uma história de felicidade, de sorriso, uma história da qual sejamos personagens atuantes. A gente se cansa de reproduzir histórias distantes, cansa de se guiar por algo pouco tangível! É preciso ser protagonista, sentir-se parte de algo bonito e inspirador para sua área, a sua família e as suas raízes.

A FELICIDADE NASCE DA POSSIBILIDADE DE RECONHECER QUE ESTAMOS CONTRIBUINDO, QUE SOMOS MAIS QUE APENAS UM NÚMERO, QUE A NOSSA EXISTÊNCIA FAZ DIFERENÇA NO MUNDO.

ESPALHANDO CONHECIMENTO

NO FUNDO, A MINHA MOTIVAÇÃO

ERA RETRIBUIR, ERA DAR

AOS OUTROS A CHANCE DE

VIVEREM A TRANSFORMAÇÃO

E REVOLUÇÃO QUE EU

MESMO TINHA VIVIDO.

Depois de experimentar um pouco dessa possibilidade de ser protagonista, segui com a minha busca incessante por evolução e comecei a criar métodos para desenvolver mais a minha arte e, principalmente, para fazer com que ela chegasse às outras pessoas, não só como objeto de apreciação, mas também como forma de aprendizado, como ferramenta educacional.

Como voluntário, dei início a um trabalho comunitário e formei turmas para dar aulas de arte e cultura hip-hop. Consegui usar algumas escolas locais como base, ocupando as suas salas nos fins de semana e utilizando um material que eu mesmo fornecia. A parceria com a escola não era uma relação institucional. Na verdade, era simplesmente uma relação de confiança entre mim e o porteiro e, com isso, eu podia reunir a turma e usar o espaço para pôr em prática um sonho.

Na época, eu tinha uns 18 anos, e os meus alunos estavam numa faixa etária entre 12 e 16. Não havia, portanto, uma grande diferença de idade entre o educador e os educandos: éramos todos adolescentes, aspirantes a jovens adultos, mas já estávamos mergulhados numa troca de saberes incrivelmente poderosa. Foi assim que me fiz educador e convenci os meus amigos a trocar experiências através da arte. Senti que eles também queriam dar forma às suas ideias, se expressar, dizer algo, e lancei mão das minhas melhores habilidades para compartilhar com eles o que sabia. Juntos nos aventuramos a aprender usando a poesia, o rap e o graffiti como ferramentas pedagógicas, ainda sem saber o que isso significava academicamente.

Pra mim, essa iniciativa era apenas uma extensão do projeto social no qual eu descobri a arte. No fundo, a minha motivação era retribuir, dar aos outros a chance de viverem a transformação e revolução que eu mesmo tinha vivido. E foi com gratidão no peito que pude ser um difusor de conhecimento dentro da minha comunidade.

QUANTO VALE UM SONHO?

ACREDITO QUE TUDO NA VIDA PRECISA DE MOVIMENTO PARA SE CONSOLIDAR, E É NO MOVIMENTO DA VIDA QUE NÓS NOS DESCOBRIMOS E NOS TORNAMOS QUEM SOMOS.

Graças a esse movimento ainda tímido e despretensioso realizado nas escolas da área, passei a receber convites para levar os meus amigos e alunos para se apresentarem em associações comunitárias de outros bairros. Reuníamos tudo que tínhamos de melhor e realizávamos encontros incríveis regados a muita arte urbana.

Logo fui procurado por algumas instituições que queriam que eu levasse os meus métodos pra outros projetos sociais. Foi então que me tornei oficialmente um Arte Educador Social e passei a ser remunerado pelo meu trabalho. Além de me trazer uma relativa tranquilidade financeira, o trabalho com a arte educação me deu também experiência, novas vivências, enriqueceu o meu repertório e me projetou pra um cenário novo de transformação coletiva.

Dos 18 aos 24 anos, mergulhei completamente no processo de aprender e ensinar. A arte não era só uma ferramenta de difusão de conhecimento, mas também me protegia, me blindava para que eu não fosse atingido ou fisgado por propostas que pudessem me tirar do caminho que escolhi trilhar e viver.

Com os recursos provenientes dos trabalhos com a grafitagem e as aulas de cultura hip-hop, passei a ter acesso a alguns bens de consumo que me fizeram evoluir. Primeiro ajudei em casa com as despesas e logo depois estabeleci um plano familiar para reformar a nossa casa que, na época, era a pior da rua em que morávamos na comunidade Caça e Pesca. Tínhamos voltado para lá, cerca de dois anos antes, quando meu pai, já livre do vício, nos procurou, pediu minha mãe em casamento, arranjou um emprego e passamos mais uma vez a viver todos juntos.

Nessa reforma incluí o projeto de construir um quartinho para mim. Ter um quarto só nosso é um privilégio e eu sabia que os meus pais dificilmente conseguiriam me proporcionar esse conforto. Roupa e comida eram agora por minha conta. Eu ajudava em casa desde os 14 anos, mas percebia que a nossa situação continuava em *looping*: mesmos desafios, mesmos problemas, mesma forma de levar a vida. A casa também raramente mudava. Então, resolvi trabalhar duro e juntei tudo que ganhei com algumas economias dos meus pais para podermos fazer a tal reforma.

VIDA NOVA?

DEIXAR TUDO COMO ESTÁ É MAIS FÁCIL E É O QUE A GENTE PASSA A VIDA TODA FAZENDO. NO ENTANTO, QUANDO MOVEMOS AS PEÇAS E NOS FORÇAMOS ATÉ NOSSO PONTO MÁXIMO, CONSEGUIMOS REALIZAR MUDANÇAS PROFUNDAS.

Lembro que, quando a reforma começou, tivemos praticamente que construir uma casa nova, pois, depois de tirarmos as telhas e mexermos no que havia por trás de tudo aquilo, percebemos que a nossa casa estava com a estrutura toda comprometida.

FOI ENTÃO QUE ENTENDI QUE, ÀS VEZES, PASSAMOS A VIDA TODA OU ANOS A FIO ABRIGADOS POR ESTRUTURAS PRESTES A RUIR, MAS NÃO NOS DAMOS CONTA DISSO PORQUE NÃO TEMOS CORAGEM DE MEXER NAS ENGRENAGENS QUE AS SUSTENTAM.

Nesse caso, a coragem — ou a falta dela — nasce da própria condição social. Antes de tirar a primeira telha da casa você se faz inúmeras perguntas e a mais difícil de responder é: tenho condições de erguer uma casa melhor ou é melhor nem mexer e deixar tudo como está?

Deixar tudo como está é mais fácil e é o que a gente passa a vida toda fazendo. No entanto, quando movemos as peças e nos forçamos até nosso ponto máximo, conseguimos realizar mudanças profundas. Se olharmos para a nossa vida como se ela fosse uma casa, podemos refletir sobre quais cômodos precisam de reforma, quais estão ali apenas simbolicamente e precisam ser demolidos para dar lugar a um novo espaço construído do zero. Com essa atitude, temos condições de repensar toda a bagagem que carregamos pela vida afora e escolher o que devemos manter e mesmo fortalecer, mas também o que devemos mudar definitivamente ou até que seja necessária uma nova grande reforma estrutural.

Foi com esse sentimento que dei início a uma grande reforma também na minha vida. Eu já sabia que, com o trabalho, era possível conquistar melhores condições, mas encontrei uma motivação a mais para dar destino aos recursos que eu vinha conseguindo. Eu precisava não apenas dar uma nova estrutura de moradia para a minha família, mas também precisava acolher os meus pensamentos em um espaço de privacidade onde houvesse ao menos um pouco do silêncio necessário para que a poesia nascesse.

Então, depois de meses de reforma, entre dias de chuva e sol, pude levar as minhas caixas de guardados, as minhas pastas de desenhos e os cadernos entupidos de escritos para o meu quartinho de 2 m por 3 m, construído onde antes era o banheiro e que, agora, tinha se tornado o meu espaço de inspiração. Ali dentro cabiam apenas um colchão de solteiro e as caixas de papelão com tudo que eu tinha de material — mas que eu sentia que seria capaz de transcender a matéria e chegar ao coração das pessoas.

Aos poucos, depois de estar abrigado numa casa nova e tendo o meu próprio quarto, passei a investir em equipamentos e materiais que pudessem me oferecer uma melhor performance artística e profissional. Realizei o sonho de adquirir um som para ouvir os CDs que eu tinha comprado antes mesmo de ter um aparelho para ouvi-los. Logo depois, comprei também uma TV de 14 polegadas e um aparelho de DVD, e assim ganhei sons e imagens. Me debrucei sobre áudios, mp3, músicas, filmes e documentários. Passei a pesquisar e alugar filmes que pudessem me dar discernimento, como aulas para a vida.

SE OLHARMOS PARA A NOSSA VIDA COMO SE ELA FOSSE UMA CASA, PODEMOS REFLETIR SOBRE QUAIS CÔMODOS PRECISAM DE REFORMA, QUAIS ESTÃO ALI APENAS SIMBOLICAMENTE E PRECISAM SER DEMOLIDOS PARA DAR LUGAR A UM NOVO ESPAÇO CONSTRUÍDO DO ZERO.

Até que, uns dois anos depois, com muito suor e esforço, fiz uma aquisição que julgo a mais revolucionária de todas as que realizei ali no meu quartinho: comprei meu primeiro computador! À vista! Com a chegada do computador tudo mudou. Tratei de digitar as letras de músicas e os poemas que eu havia escrito a mão. O Word ia me apresentando a correção das palavras e, com isso, fui gradativamente melhorando a minha forma de escrever.

No computador, pude visitar pela primeira vez o campo da produção artística. Tive um entendimento básico de como eram feitas as produções musicais e audiovisuais. Sem contar com a felicidade de imprimir um texto feito por mim e ler aquelas palavras no papel como se fosse uma página de livro.

Passei um longo período desbravando o computador sem internet. Mas trabalhei, me concentrei naquela ideia e, mais uma vez, investi. Na minha região, a internet era mais cara do que em outros bairros mais centrais de Fortaleza. Mesmo assim, não abandonei a ideia e acabei conseguindo pagar o plano mais barato da época, com 300 kbps de velocidade. Comecei então a estudar, usando a internet como ferramenta de busca e descobrindo cada vez mais coisas novas que vinham se somar ao desejo de dar forma à minha arte.

Aprendi a digitar, aprendi a fazer minhas próprias batidas de rap com um programa de produção de áudio e, mesmo sem entender muito de música em toda a sua complexidade, consegui fazer a minha música com o pouco que tinha e o muito que tinha.

Gravava minhas músicas guias usando fones de ouvido como microfones e exportava os arquivos em formato de mp3. Tudo isso é rudimentar, mas foi indispensável seguir por esse caminho, não para ser o que sou, mas para ter uma consciência mais evoluída do que hoje sou.

UM PASSO ADIANTE

EU SENTIA A NECESSIDADE DE OUVIR ALGO QUE ME TROUXESSE LEVEZA E AUTOESTIMA. PRECISAVA FALAR DE OUTROS TEMAS ALÉM DA REALIDADE PERIFÉRICA E DAS MAZELAS SOCIAIS. OU TALVEZ QUISESSE ENCONTRAR UMA FORMA NOVA DE FALAR SOBRE ISSO.

QUANTO VALE UM SONHO?

Imerso nesse trabalho, percebi que precisava inserir essas conquistas no enredo da minha história, não para me apresentar como alguém melhor do que os outros, mas para propor às pessoas uma maneira de dizer que podemos crescer sempre. Por mais que o processo seja lento, gradual, nós podemos. Podemos, sim!

Nas aulas que ministrava, nos *pocket shows* de rap e nos discursos que fazia na comunidade, comecei a falar sobre tudo que circundava a vida que eu lia, e foi falando que encontrei gente disposta a me ouvir.

O quartinho se tornou um mundo paralelo, mas estava totalmente interligado à minha realidade cotidiana. Eu sabia que não seria fácil expressar essa conexão de uma forma clara o bastante para chegar às pessoas e gerar o devido impacto na sociedade, mas queria fazer isso.

E foi aí que nasceu o meu primeiro projeto musical autoral e independente, quando senti no coração um desejo imenso de gravar um CD de rap com poesias musicadas.

Sempre participei do movimento hip-hop, desde a época do projeto, mas eu sentia a necessidade de ouvir algo que me trouxesse leveza e autoestima. Precisava falar de outros temas além da realidade periférica e das mazelas sociais. Ou talvez quisesse encontrar uma forma nova de falar sobre isso.

Passei então a alardear esse desejo; passei a anunciar esse sonho de gravar um CD profissional com poesias recitadas, intercaladas com raps ricos em musicalidade. E, com o anúncio do sonho, as possibilidades crescem!

Depois de tanto espalhar o meu sonho, consegui fazer uma parceria com um amigo que tinha um estúdio de música e me cedeu duas horas semanais para eu gravar o meu disco, que até então tinha um tamanho definido, mas que acabou com um total de 19 faixas gravadas no período de um ano.

Foram meses visitando o estúdio toda quinta-feira, durante duas horas, até que finalmente consegui ver diante dos meus olhos o CD impresso e receber de presente, através da audição, a sensação indescritível de ouvir as minhas canções, todas conectadas e com o objetivo singelo de chegar aos corações.

Agora a minha história tinha adquirido outra forma de ser contada. As aulas, os graffiti pelos muros, os poemas no papel e os raps nos aparelhos de som eram pilares que sustentavam o sonho de viver com dignidade, sendo aquilo que eu queria ser de verdade.

JÁ ESTAVA SEM RECURSOS FINANCEIROS, MAS NÃO DESISTI DE TRABALHAR PARA EXPOR MINHA ARTE NO ESPAÇO QUE ELA MERECIA.

Tendo em mãos o sonho realizado, percebi que lançar um CD era uma coisa e fazer esse CD chegar às pessoas era outra bem diferente. Logo compreendi que o cenário musical local não era bem desenvolvido para o rap, que não havia demanda para festivais, eventos e espaços que projetassem essa linguagem. Percebi que não tínhamos uma cadeia produtiva para o hip-hop local: éramos todos jovens sonhadores, acreditando que bastava ter um CD nas mãos para nos considerarmos profissionais da música.

QUANTO VALE UM SONHO?

A partir daí, tomei a iniciativa de me inscrever em editais de músicas de outros gêneros e, apresentando um projeto bem escrito, conseguia levar o meu rap aos palcos dos centros culturais de minha cidade. Os cachês só davam para gente manter os ensaios e dividir o restante em partes iguais, mas não era isso que nos faria desistir da música.

Tive então a ideia de fazer um show de lançamento do CD em Fortaleza e, mesmo sem saber, ativei o empreendedor que havia em mim. Escolhi o melhor lugar da cidade naquela época: o Centro Dragão do Mar de Arte e Cultura. Procurei saber como funcionava a negociação para tocar no palco principal do Anfiteatro e fui ao setor de cultura para me apresentar e levar uma proposta para a diretoria do espaço. Depois de um diálogo muito produtivo, saí de lá com uma data marcada — 16 de setembro de 2011 — e com o espaço liberado para o show.

Mas tem um pequeno detalhe: era só o espaço e a data. O equipamento sonoro, a técnica, a iluminação e toda a logística para o show ficaria por conta da equipe de produção do artista. Topei e só depois caiu a ficha de que eu não tinha produção. Precisei me tornar produtor e saí em busca de parcerias para realizar esse feito.

Conversando com amigos e profissionais de diversas áreas de atuação, consegui consolidar o projeto com toda a estrutura necessária. Passei dias e noites trabalhando e planejando todas as etapas para essa realização. Resolvi eliminar uma demanda por vez. Primeiro fui em busca da parte sonora, porque, na minha cabeça, se já tinha o palco e o espaço, me bastaria o som para estabelecer uma comunicação com o público. Conversei também com conhecidos mais ligados a esse setor e consegui fazer uma parceria com um fornecedor que ouviu minha história e me ofereceu equipamento com capacidade para atingir um público de até mil pessoas por um valor 50%

FELIPE RIMA

NÃO IMAGINAVA QUE, DEPOIS DE TANTA LUTA, CHEGARIA EM CASA COM A SENSAÇÃO REAL DE VIVER O DIA DO SHOW DENTRO DE MIM! ERA COMO SE EU SENTISSE O DIA DA VITÓRIA SEM AINDA TER VENCIDO.

inferior ao habitual. Mas ele me fez uma pergunta: "Você já tem a iluminação?" Confesso que, a princípio, senti que a resposta deveria ser "Claro que sim! Tenho uma luz dentro de mim!", mas não era disso que se tratava. Ele estava se referindo a uma luz externa a mim, a luz do palco. Como realizar um evento para lançar um CD sem ter uma iluminação à altura?

Eu não havia pensado bem a esse respeito e já estava sem recursos financeiros, mas não desisti de trabalhar para expor a minha arte no espaço que ela merecia. Pedi apoio aos amigos, procurei fazer alguns trabalhos paralelos para angariar recursos e saí a campo para pesquisar os valores de mercado de eventos e iluminação. Acabei chegando a um fornecedor que estava promovendo um evento no mesmo palco em que eu iria me apresentar. Era um show da Elba Ramalho e o que vi foi uma estrutura linda de fazer os olhos brilharem. Nesse momento, me convenci de que a iluminação era realmente essencial!

QUANTO VALE UM SONHO?

Os produtores do evento me informaram que o show da Elba Ramalho seria numa sexta-feira e o meu seria num sábado. Eles teriam que retirar os equipamentos logo após o espetáculo, mas o que queriam mesmo era voltar no domingo e poder tirar tudo com mais calma. Sugeri então pagar a mão de obra do técnico de iluminação e mais um valor pelos equipamentos. Sabia que não era o valor real de mercado, mas precisava tentar! Mesmo sem ter o dinheiro, fiz a sugestão e pensei *seja o que Deus quiser!* E o dono da produtora topou. Apertamos as mãos e, com isso, selamos um acordo.

Saí de lá direto para a casa de uma amiga, grande incentivadora do meu sonho, a querida Pamela Gaino. Assim que lhe contei a história toda, ela se ofereceu não só para me ajudar a custear a tal despesa com a iluminação, mas também para ser o meu braço direito na produção no evento. Foi incrível a sensação! Não imaginava que, depois de tanta luta, chegaria em casa com a sensação real de viver o dia do show dentro de mim! Era como se eu sentisse o dia da vitória sem ainda ter vencido. Mesmo assim, tratei de construir o pódio e garantir que ele estivesse perfeito para me receber.

Com os olhos marejados de felicidade, o corpo exausto de andar pela cidade, entre vans, ônibus lotados e, no estômago, apenas uma alimentação rudimentar, pude repousar a cabeça no travesseiro e pensar *agora só falta o público.*

DEI O MELHOR DE MIM E CONSEGUI REUNIR O MELHOR DAS PESSOAS QUE ESTAVAM COMIGO NESSA EMPREITADA.

Já no dia seguinte fui cuidar da confecção dos cartazes, ligar para amigos, articular a rede de contatos daqueles que admiravam o meu trabalho e que, de alguma forma, tinham sido impactados pela minha presença e pela minha arte. Acionei então todas as comunidades da cidade em que eu já tinha dado aulas de arte e consegui, através de seus atores, líderes e representantes, reunir oito comunidades da grande Fortaleza. Entre cartazes em pontos estratégicos da cidade, divulgação feita de boca em boca e pelas redes sociais, dei o melhor de mim e consegui reunir o melhor das pessoas que estavam comigo nessa empreitada. E, então, chegou o grande dia.

O DIA DO SHOW

COMO ENCONTRAR O PALCO IDEAL PARA VIVER E APRESENTAR O ESPETÁCULO DA SUA VIDA?

No dia do show acordei disposto, ansioso e feliz. Sentia que ia viver um dia histórico! Ia reunir familiares, amigos e amores. Pusemos todo o material e os CDs dentro de uma caixa, para levá-los até o local do evento, e pegamos um ônibus comum, das linhas de transporte coletivo da cidade. Chegamos, nos preparamos e pedimos ajuda e intervenção divinas. Do camarim, dava para ouvir as vozes das pessoas. O barulho e a movimentação do público me deixaram em um estado de euforia e emoção profundas. Então a banda subiu ao palco. Alguém me entregou um microfone sem fio e, enquanto a banda estava no palco, fiquei sozinho. Eu e minha introspecção. É impossível descrever o que eu sentia e pensava naquele momento. Queria chorar e sorrir ao mesmo tempo. De pura felicidade. Vi toda a minha história passar diante dos meus olhos e sabia que uma plateia em êxtase e coberta de expectativa estava esperando por mim. Quando terminou a introdução instrumental, a banda deu a deixa e chegou a minha vez! Me reconheci Ribamar Felipe, me emocionei como Felipe e, como Felipe Rima, me apresentei para o mundo!

O que os meus olhos viram foi um anfiteatro com mais de 500 pessoas. Uma banda entrosada e uma energia deliciosa que emanava daquele ambiente! Era o dia de escrever na história o espetáculo que nasceu dentro do quartinho, mas que, naquele momento, não era mais apenas fruto da aspiração de um jovem artista da periferia. Agora aquilo tudo era real!

Parado ali, refleti muito sobre como é difícil conquistar o espaço merecido para o que você produz. Como encontrar o palco ideal para viver e apresentar o espetáculo da sua vida?

QUANTO VALE UM SONHO?

SEMPRE ACHEI QUE DEVÍAMOS CELEBRAR AS PEQUENAS CONQUISTAS, MAS HOJE, PENSANDO BEM, ACHO QUE SEMPRE VI TUDO QUE CONQUISTEI COMO GRANDES CONQUISTAS!

    Depois de viver tudo isso e ver que o trabalho coletivo pode transformar a vida das pessoas; depois de sentir o peito arder por ter realizado algo tão importante; depois de ver que é possível fazer acontecer, mesmo tendo desafios enormes pela frente, passei a ficar mais atento aos sinais da vida, passei a buscar mais produtividade e canalizei a minha vida no sentido de produzir e realizar coisas inestimáveis, incríveis.

PARTE

DOS S

À REAL

QUATRO:

ONHOS

ZAÇÃO

TOMANDO DE ASSALTO O PULSAR DOS CORAÇÕES...

Vejo o sol surgir no horizonte, vejo o tom de cor do céu.
Vento sopra não sei de onde e escrevo versos num papel.
Me pego a pensar na vida e em tudo que conquistei.
Com o vento sigo à minha medida e eu apenas comecei.
Como um pássaro eu vou voando cheio de inspiração.
Levemente viajando
nas asas da emoção.

Honro minhas origens e faço jus ao meu nome.
Humildade, respeito e coragem
é o que compõe um grande homem.
Faltou persuasão pro crime me convencer
que nele estaria minha chance de vencer.
Faço arte do que sou e da vida poesia,
canto o que vivo e vou rompendo utopias.
Entre favelas, polícia, drogas, armas, mortes, periferia,
Eu não canto nossa derrota, tampouco só alegria.
Quero meu cântico de vitória ecoando nos corações,
sacudindo a mente do povo, promovendo revoluções.

E assim sigo rumo à verdadeira felicidade.
Me diga. Quem não quer ter paz e tranquilidade?
Sei, já fui subestimado. Sei, sou subestimado.
Mas sempre dou o melhor de mim
e o que sou está comprovado.

Vejo o brilho de um olhar
e o sorriso de uma criança.
Me permito chorar de felicidade.
Isso pra mim tem importância.

Então eu vim, tomando de assalto o pulsar dos corações.
Somos armas potentes e as palavras munições.
Sinta a brisa. Viaje e deixe o sorriso brilhar.
Vivemos pra ser felizes, mas é preciso lutar.

Sinta que o pobre pode sorrir, o homem duro pode amar.
Não deixe a chama da fé em você se apagar.
A vida me encanta, a vida me fascina
Guardem as palavras do poeta Felipe Rima.

Enquanto ainda estava às voltas com a realização do projeto de lançamento do CD, fiquei sabendo, por meio de alguns amigos, da existência de um prêmio internacional que vinha sendo divulgado nas redes sociais. Esse prêmio, chamado Soluções Positivas, visava contemplar jovens que tivessem ideias inovadoras relacionadas ao combate do vírus HIV. Tratava-se de uma iniciativa da Ashoka Empreendedores Sociais e da MTV, que tinha por objetivo reunir esses jovens para debater sobre o tema em um dos países da América Latina, dar um auxílio financeiro de mil dólares para a iniciativa e incluir as experiências desses projetos num documentário a ser realizado e veiculado pela MTV.

    Achei a proposta magnífica! Além de ser uma oportunidade para transformar a sociedade, lidando com uma temática sensível, ainda poderíamos potencializar o nosso alcance e impactar milhares de pessoas pelo mundo afora.

QUANDO A MAGIA ACONTECE

ALÉM DE SER UMA OPORTUNIDADE PARA TRANSFORMAR A SOCIEDADE, LIDANDO COM UMA TEMÁTICA SENSÍVEL, AINDA PODERÍAMOS POTENCIALIZAR O NOSSO ALCANCE E IMPACTAR MILHARES DE PESSOAS PELO MUNDO AFORA.

QUANTO VALE UM SONHO?

Mergulhei de cabeça nessa ideia. Nem sabia por onde começar, mas botei a mente pra trabalhar e estudei diversos artigos e matérias sobre o assunto. Não queria fazer nada que fosse piegas ou mudar a essência do meu trabalho para fazer com que ele se encaixasse na proposta de um prêmio. Precisava sentir que seria algo orgânico! Foi então que me veio um estalo!

E se a gente inserisse, em cada exemplar do CD, um preservativo personalizado, com uma frase exclusiva, e, durante os shows, antes das músicas que falam de romance, levantasse essas questões e trouxesse o tema para o palco?

Compartilhei a ideia com alguns amigos que enriqueceram a concepção original com opiniões e sugestões. Daquele momento em diante, passei as madrugadas escrevendo um projeto que precisava ser claro, tangível e que provocasse um impacto efetivo.

Naquele processo seletivo de abrangência internacional, estavam concorrendo 300 iniciativas inscritas por toda a América Latina! E, mais uma vez, lá estava eu no meu quartinho, sonhando, escrevendo e botando a mão na massa para fazer valer o esforço de viver um sonho. Desta vez, poderia representar a minha comunidade, a minha cidade, o meu estado e o meu país.

Pois não é que a magia aconteceu? O meu projeto foi selecionado! Pouco menos de dois meses mais tarde, me vi num voo rumo ao Uruguai e, logo depois, para Buenos Aires, na Argentina. Com meus CDs na mala e um sonho no coração, continuei seguindo o que considerava ser a minha missão, só que, agora, rompendo fronteiras. Tive que aprender a lidar com outro idioma, outra cultura, outra gastronomia, outra forma de ver as pessoas, outra forma de me ver e de ser. Fui inundado de aprendizado. Essa minha primeira viagem internacional me deixou ainda mais inquieto; me fez dar sentido à frase que meu coração criou olhando para tudo aquilo.

FELIPE RIMA

O NOSSO MUNDO SE TORNA TÃO PEQUENO QUANDO PODEMOS VER QUE O MUNDO LÁ FORA É TÃO GRANDE!

Na Argentina, onde passei cerca de 10 dias, vivenciei experiências incríveis, vendi todos os CDs que tinha levado na mala, recebi o dinheiro em pesos e voltei leve para o Brasil, sentindo o gosto da realização do impossível. E foi com esse sentimento que resolvi contar a minha história, essa história e tudo mais que me viesse ao coração.

O QUARTINHO TINHA FICADO PEQUENO PARA AS REUNIÕES, LIMITADO ÀS PRODUÇÕES. NELE NÃO CABIAM MAIS TODOS OS MEUS SONHOS.

Decidi começar pela escola onde estudei. Queria dizer aos meus professores e a todos os alunos que é possível transcender a realidade que nos cerca; é possível ultrapassar fronteiras; é possível ir além do que a gente pode imaginar! Depois de obter o consentimento da direção, reuni estudantes e professores da escola para conversar sobre Sonhar e Realizar, num bate-papo regado a música e poesia e fundamentado por ambas as coisas.

QUANTO VALE UM SONHO?

Eu não sabia, mas estávamos dando início a um movimento que acabou se revelando revolucionário na educação do Ceará e que logo iria alcançar corações pelo Brasil inteiro.

A ação foi um sucesso e os professores me convidaram para fazer o mesmo trabalho em outras escolas nas quais eles davam aulas. Aceitei todos os convites e, quando dei por mim, já tínhamos alcançado mais de 50 escolas. Àquela altura, o CD já estava na quarta tiragem de mil exemplares e percebi então que era hora de dar um novo passo!

Com a venda do CD de mão em mão, os recursos financeiros aumentaram. Sentindo mais segurança quanto a esse aspecto, resolvi investir em estrutura e dar um primeiro grande salto: criar um espaço aglutinador de sonhos!

O quartinho tinha ficado pequeno para as reuniões, limitado às produções. Nele não cabiam mais todos os meus sonhos.

Mesmo sem entender do mercado imobiliário, sem nunca ter inserido o meu nome em uma negociação contratual de imóvel e sem uma renda fixa que garantisse o cumprimento desse contrato, fui pesquisar casas para alugar com o objetivo de montar uma produtora de arte urbana.

Você já leu, em outro ponto deste livro, que "anunciar um sonho" é um gesto que potencializa as suas possibilidades de realização. E mais uma vez isso aconteceu comigo. Quando comecei a dizer que andava procurando uma casa para alugar porque queria criar uma produtora, surgiu uma oportunidade única. Um dos meus amigos, artista do rap que atualmente é reconhecido no cenário nacional, estava migrando de Fortaleza para São Paulo e, por isso, resolveu vender uns equipamentos sonoros, placas de gravação e monitores de referência de áudio. Ele precisava juntar uma grana para financiar a sua ida para SP e eu precisava de equipamento para produzir e dar qualidade à minha música.

FELIPE RIMA

Aquele momento me trouxe uma sensação muito peculiar. Era o salto do meu amigo Gabriel, conhecido como Don L, impulsionando o salto do jovem Felipe, nessa época já conhecido como Felipe Rima. Ele me fez um preço camarada e eu consegui o dinheiro graças a um empréstimo, o primeiro que fiz em um banco. Pude então pagar para investir em uma ideia quase isolada, mas que, como eu acreditava firmemente, poderia produzir muita coisa boa.

Comprei então os equipamentos, mas, por alguns meses, não tive condição de usá-los. No entanto, só o fato de eles estarem ali na minha casa já era uma grande conquista. Como não tinha espaço no meu quartinho, eu botava tudo na cama de solteiro durante o dia, e ficava trabalhando no computador. De noite, tirava tudo da cama e botava no chão para poder dormir. Finalmente, e mais uma vez com a ajuda de amigos, consegui juntar o dinheiro para pagar a caução inicial de um imóvel. Uma querida amiga e professora, a Rosinha Ribeiro — que lia e corrigia os meus primeiros textos —, me emprestou uma parte. Outro amigo e mentor, Marcio Carvalhal, percussionista da banda, me emprestou mais uma parte. E, com as vendas do CD, consegui completar a quantia necessária.

Com os valores acertados e o contrato fechado, só faltava nos instalarmos na casa alugada.

Se eu tivesse que dar um título a esse movimento seria O Movimento da Coragem.

Fiz ali toda uma série de coisas pela primeira vez. Primeiro empréstimo. Primeiro contrato imobiliário. Primeira vez que eu saía pra valer do quartinho. Primeira vez que as contas da água e da luz eram registradas no meu nome. Primeira vez que o mundo ouviria falar daquele espaço físico batizado de QG Batuque do Coração.

O QG BATUQUE DO CORAÇÃO

A EDUCAÇÃO DO NOSSO PAÍS PRECISAVA E AINDA PRECISA DE INTERVENÇÕES REGADAS A ARTE E INOVAÇÃO.

Esse nome faz alusão direta à sigla de "quartel general". Não que eu e os amigos que embarcaram nessa comigo nos inspirássemos no militarismo ou coisa do tipo, mas entendíamos que, nas guerras, o quartel general era o lugar onde as corporações se organizavam, planejavam as suas ações, descansavam, guardavam as suas armas e munições, e o nosso QG era literalmente a base de desenvolvimento para toda a execução de um projeto de paz.

Sabíamos que estávamos em guerra contra o preconceito, a discriminação, a segregação social, a diferença de classes, entre outras tantas frentes de combate. As nossas armas eram os equipamentos sonoros e a estrutura de produção. As nossas munições eram poemas, letras de músicas e o nosso discurso sempre potente, com um objetivo claro, muito claro: INSPIRAR O MUNDO A ACREDITAR NO PODER DOS SONHOS! Ali nos fortalecíamos, comemorávamos as nossas vitórias e sofríamos juntos as nossas derrotas.

Foi um período de muitas batalhas. Trabalhamos duro para consolidar a ideia de um espaço aglutinador de sonhos que pudesse nos proporcionar um ambiente propício à produção e à disseminação da nossa arte.

Paralelamente ao movimento de criação da produtora de arte urbana, continuamos com as ações desenvolvidas nas escolas públicas, que foram ganhando força e, com isso, passamos a receber inúmeros convites de professores, diretores e alunos. Em um movimento natural e genuíno, o conjunto das escolas passou a se mobilizar para ter a nossa presença, para poder contar com a nossa mensagem. E ainda sem entender muito bem como, assumimos o papel de empreendedores, tendo a arte educação como ferramenta de inspiração.

Durante essa experiência nas escolas, criamos a palestra-show, uma apresentação que se distingue das palestras convencionais: cerca de uma hora e meia de fala sem o uso de slides. A nossa fundamentação vinha de poesias e raps, o que dava dinamismo e originalidade à ideia. Foi algo completamente inovador dentro do processo educacional do estado do Ceará.

Lembro que, muitas vezes, todos nós, os membros da equipe, comentávamos que na época em que estávamos estudando não se podia tocar rap nos intervalos, já que esse gênero parecia nocivo para o ambiente escolar. E, agora, estávamos justamente levando o rap como ferramenta educacional para dentro de dezenas de escolas em todo o estado.

Foi nessa ocasião que passei a ver com mais clareza a relevância do trabalho que estava sendo desenvolvido por nós. Foi também a partir daí que, com os recursos obtidos com a venda dos CDs, começamos a pagar a estrutura do QG: aluguel, manutenção e equipe.

O QG Batuque do Coração era mais que um espaço físico; aquele lugar se tornou o nosso negócio, a nossa base, a nossa forma de mudar o mundo, além de nos permitir viver do que amávamos. Pela primeira vez, muitos dos meus parceiros conseguiram sentir o prazer de produzir com amor e ainda ganhar dinheiro para o sustento da casa e da família. Foi uma enorme revolução pessoal para cada um de nós.

Assumi a liderança de todos os processos e passei a mobilizar o nosso time para seguir realizando feitos inéditos que nos inspirassem e inspirassem também outras pessoas a seguir em frente. A fluir. A sair do pensar em fazer e fazer efetivamente! Como todo iniciante, acabei cometendo alguns erros de gestão, mas, no geral, sempre tivemos um saldo positivo de tudo que foi realizado no QG. Durante os seus quatro primeiros anos de atuação, de 2014 a 2018, conseguimos visitar mais de 400 escolas no Ceará e em alguns outros estados do Brasil.

Um dos momentos que me fez entender todo o alcance do trabalho que estávamos realizando foi quando recebi o convite para fazer uma das minhas palestras-show no ITA, o Instituto Tecnológico de Aeronáutica, em São José dos Campos (SP). Foi lá que senti que não só as escolas locais precisavam daquela inspiração vinda da arte e de uma história de vida verdadeira, mas que a educação do nosso país precisava, e ainda precisa, de intervenções regadas a arte e inovação, porque um sistema educacional não pode sobreviver sem esse pilar firmemente consolidado.

MUITOS DE NÓS SÓ PRECISAMOS DAR O PRIMEIRO PASSO PARA DESVENDAR AS POSSIBILIDADES QUE TEMOS À NOSSA FRENTE. É ESSE O CONCEITO QUE ABRAÇA TUDO QUE TEMOS REALIZADO DENTRO DESSE ESPAÇO ATÉ HOJE.

Nessa jornada empreendedora, criei um programa de cultura hip-hop chamado Ação Hip Hop, que visava privilegiar artistas que estavam iniciando uma jornada de música, de dança, de graffiti e de todas as vertentes dessa manifestação cultural. Conseguimos fazer com que milhares de jovens tivessem a oportunidade de cantar pela primeira vez com um microfone nas mãos, subir pela primeira vez num palco, ter, também pela primeira vez, um público para apreciar a sua arte. Tenho essa consciência, mas a própria história do hip-hop local reconhece a importância do nosso programa, que tem como instituição mantenedora o Centro Cultural Banco do Nordeste, em Fortaleza. Hoje temos mais de 8 anos de atuação e muito orgulho de escrever na história do hip-hop local, essa página tão rica em histórias e aprendizados, com resultados tão palpáveis.

Inicialmente, quando criei a estrutura do Batuque, pensei que, com isso, teria autonomia na produção da minha arte e do meu coletivo. No entanto, tudo foi muito além do esperado. A riqueza do trabalho nos levou a fazer novas ramificações e, assim, conseguimos atingir vários artistas locais, que só então puderam gravar sua música em um estúdio.

Essa ideia de um trabalho voltado para artistas novos, dando a eles a possibilidade de ter a sua "primeira vez", nasceu de um sentimento de gratidão para com o universo que me deu a chance de ter contato com a arte muito cedo na vida, e, ainda na adolescência, conseguir gravar, cantar e realizar coisas pela primeira vez.

Sinto dentro de mim a importância de dar o primeiro passo. Muitos de nós só precisamos dar o primeiro passo para desvendar as possibilidades que temos à nossa frente. É esse o conceito que abraça tudo o que temos realizado dentro desse espaço até hoje.

Durante o período de busca pelo formato ideal de trabalho para o Batuque do Coração, tivemos êxitos e perdas, como é natural em todo processo de construção. Isso, porém, não anula as dores que sentimos na ocasião.

Chegamos a construir um estúdio do zero, com equipamentos de ponta, mas, depois de pouco tempo de atividade, fomos surpreendidos por um desastre natural, no período do inverno, quando, devido às fortes chuvas, uma das paredes e o teto do estúdio desabaram. Tivemos algumas perdas materiais, precisamos encarar um grande sentimento de frustração e acabamos tendo que negociar com a imobiliária a rescisão do contrato para ir em busca de outra casa. Eu havia feito um investimento financeiro bem significativo na construção do estúdio, mas enfrentamos essa baixa, que foi considerável, e logo encontramos outro local. A nova casa recebeu o nome de Ponte. Resolvi chamá-la assim porque tinha consciência de que ela não seria o ambiente ideal para viver o nosso sonho, mas era a ponte que precisávamos atravessar para chegar um dia ao novo ideal. E foi o que fizemos!

Juntei minhas últimas reservas financeiras e sentimentais e segui adiante.

Dessa vez, levamos cerca de seis meses para deixar o estúdio em condições de funcionar. Feitos os devidos reparos, conseguimos pôr de pé uma estrutura menor, o suficiente para não parar; e, se reduzimos a velocidade, não mudamos a direção.

No espaço Ponte, compus muitos versos, gravei inúmeras músicas, escrevi rascunhos de livros, enfim, vivi um período produtivo e frenético. Logo pude ver os vazios da casa nova inteiramente preenchidos, e com isso o meu coração voltou a encontrar um estado de paz.

GRANDES VOOS

SEMPRE TENTEI CONCILIAR AS EMOÇÕES DA VIDA COTIDIANA AO MEU TRABALHO. SEMPRE BUSQUEI ESTAR CERCADO DAS PESSOAS QUE AMO PARA DESENVOLVER AÇÕES E REALIZAR SONHOS.

Foi nesse período de transição que realizei minha primeira palestra no formato TED Talk, uma experiência incrível, à qual dei o nome de O Poder dos Sonhos. Eu me vi na minha cidade, em um palco imenso, com minha família e amigos, tendo à nossa frente uma plateia de mil pessoas nos aplaudindo de pé. Esse momento foi um divisor de águas. No fundo, sentia que aquela energia não voltaria vazia e que o universo seria generoso diante do vigor daquele momento histórico.

Saindo do palco do TEDx Fortaleza, fui para o aeroporto dar mais um grande passo na minha trajetória pessoal. Embarquei com o Salmos, meu produtor, para o Rio de Janeiro, onde íamos viver o processo de gravação do meu primeiro disco de carreira oficial.

Lá chegando, encontramos o diretor artístico Marcello Dughettu e o produtor musical Rafael Tudesco. Juntos, estávamos dando início a algo mágico: a construção de um disco de rap.

Ficamos no Rio de Janeiro por sete dias, transitando entre um hotel cinco estrelas em Copacabana e o estúdio da Duto, uma produtora de arte localizada em Madureira. Durante nossa estada na cidade, acordávamos cedo e dormíamos tarde, o tempo todo conhecendo novos músicos e trabalhando nas músicas, tentando encontrar o caminho pelo qual a obra nos levaria. Saindo do Rio, embarcamos para São Paulo, onde íamos finalizar as gravações no maior estúdio musical da América Latina: o Red Bull Studios SP, que fica dentro da sede do Red Bull Station, ao lado da praça da Bandeira, no centro da cidade.

Tendo participado de um processo seletivo que acontece também no Brasil, o programa Red Bull Amaphiko, faço parte do time de Inovadores Sociais da Red Bull no mundo. E foi via Amaphiko que consegui projetar um cenário futuro para a minha carreira, uma vez que esse programa oferece mentoria e outras ferramentas para desenvolver e potencializar talentos e ideias. Dentro do meu plano de voo, inserimos a gravação do disco, e a Red Bull investiu integralmente no projeto.

Depois de dez dias em São Paulo, consolidamos o CD com dez faixas inéditas que trazem uma linguagem musical peculiar, unindo o sotaque cearense a instrumentos que evocam a nossa cultura e o que existe de mais sofisticado na tecnologia mundial para a produção musical. A essa altura, eu já sentia que o espaço Ponte estava me levando a outros ares e a avistar diante de mim novos horizontes.

Quando voltei para Fortaleza, estava me sentindo mais forte e compreendi que era hora de viver novas emoções e crescer ainda mais como ser humano. Lembro que foi nesse período que comecei a levar alguns familiares para viajar comigo, pois sempre fiquei encantado com as nuvens e o céu nas viagens de avião. Queria que outros amigos e familiares pudessem vivenciar esse mesmo encantamento, e, assim, levei todos eles, mãe, pai, irmãos, amigos. Cada vez que recebia um convite novo, já pensava em quem seria o próximo convidado — e posso dizer que esse foi um período que revigorou minha alma e me fez crescer muito. Meu encantamento com as nuvens deu lugar ao encanto que sentia ao vê-los tendo a oportunidade, pela primeira vez na vida, de voar de avião e de experimentar tantas outras novas vivências que aconteciam quando pousávamos nos lugares. Só tenho gratidão por viver tudo isso e poder retribuir às pessoas que fazem parte dessa história.

Sempre tentei conciliar as emoções da vida cotidiana ao meu trabalho. Sempre busquei estar cercado das pessoas que amo para desenvolver ações e realizar sonhos.

Mas então chegou o momento em que senti que a estrutura Ponte estava pequena para o nosso trabalho. Eu estava repleto de emoções e de realizações, mas queria ir mais além com o nosso empreendimento, queria alçar novos voos com o QG Batuque do Coração.

Mais uma vez, saí a campo em busca de um lugar que fosse maior do que o espaço Ponte e que permitisse o nosso crescimento coletivo. Depois de um longo período de pesquisa, encontrei uma casa grande, no entorno da comunidade em que nasci, com espaço para estúdio, escritório, sala de reuniões e área de lazer. Bem diferente das duas salas que tínhamos no espaço Ponte! Então intuí: é aqui! e logo me articulei para começar a negociação. Ao contrário do que poderia parecer, eu não estava no meu melhor momento financeiro, mas precisava fazer um movimento rumo ao crescimento. Se a casa Ponte já estava pequena para mim, eu precisava arriscar.

NOVAS HISTÓRIAS

MUITAS VEZES NA VIDA A GENTE NÃO SABE POR QUE ESTÁ FAZENDO DETERMINADA COISA, A GENTE SIMPLESMENTE FAZ!

Paralelamente a essa história, uma linda e nova história estava surgindo: descobri que ia ser pai. Foi uma notícia incrivelmente impactante e lembro que a novidade me impulsionou a acreditar que o momento de arriscar era aquele.

Conversei com um amigo que estava empregado, com carteira assinada e tudo, e o convidei para trabalhar comigo no novo QG, garantindo-lhe que cobriria a oferta do seu trabalho atual. Ele me pediu um tempo, mas logo topou o desafio e assim nasceu o QG Batuque do Coração no seu terceiro formato.

Justamente num momento em que todos ao meu redor diziam que eu tinha que segurar um pouco o ritmo, que eu ia ser pai e que precisaria reduzir tudo, decidi correr o risco de trabalhar mais, de suar mais e de pagar mais caro pelo sonho que eu tinha.

Aluguei uma casa pelo dobro do valor que eu estava pagando, contratei oficialmente um novo parceiro para trabalhar comigo e precisava dar o meu melhor para que o meu filho viesse ao mundo em condições dignas.

Muitas vezes na vida a gente não sabe por que está fazendo determinada coisa, a gente simplesmente faz!

TEM HORAS QUE ACHAMOS QUE SABEMOS O QUE ESTAMOS FAZENDO, MAS, NA VERDADE, SÓ ESTAMOS OLHANDO UM RECORTE DE UMA CENA MAIOR E HÁ

QUANTO VALE UM SONHO?

ALI UM PONTO CEGO QUE DISTORCE O NOSSO OLHAR. OUTRAS VEZES, TEMOS PLENA CONSCIÊNCIA DA SITUAÇÃO E ARRISCAMOS POR CONVICÇÃO, TENDO CORAGEM DE LUTAR POR DIAS MELHORES.

Eu diria que, quando tomei essa decisão, carregava no peito um pouco de cada um desses sentimentos.

Durante o tempo que passamos no espaço Ponte, eu havia construído uma relação muito sólida com a imobiliária responsável pelo imóvel e que coincidentemente era também a responsável pela nova casa que eu queria alugar. Graças à postura que sempre mantivemos de realizar pagamentos pontuais durante um ano inteiro, conseguimos dar um salto na negociação e firmamos o acordo de transição para o novo QG. Assim, ganhei um prazo maior para realizar a mudança, fazer os reparos necessários na casa antiga, entregar as chaves e me instalar no novo lar.

Receber as chaves de um lugar novo é sempre motivo de grande felicidade e gratidão. É um misto de alívio e de esperança. O simbolismo da chave é muito poderoso!

Mais uma vez, mobilizando meus amigos e familiares, conseguimos realizar a mudança. Uma das coisas que me fez refletir muito foi o fato de não ter percebido, durante a nossa estada no espaço Ponte, como o número de coisas, equipamentos, móveis e outros componentes do nosso acervo havia crescido significativamente. Essa percepção só veio confirmar a necessidade da mudança: estávamos transbordando.

Em mutirão, fomos organizando tudo, delimitando os espaços, onde ficaria o estúdio, onde seria a sala de reunião, o escritório, a cozinha, o espaço de lazer e os quartos de repouso. Foi muito boa essa experiência de se reinstalar, de poder rever os caminhos, rever a vida e o empreendimento. Ela me fez amadurecer. Me fez ver quem realmente estava disposto a estar junto e somando forças nessa nova fase e, assim, ocorreu naturalmente um processo de seleção do novo time.

Uma das histórias que gosto de contar sobre o QG em seu terceiro formato tem a ver com o ato de ressignificar o espaço físico. Após a mudança, logo no segundo dia de casa nova, recebi a visita de uma vizinha, a Dona Graça. Ela me perguntou como andava a mudança, explicou um pouco sobre como era o entorno comunitário e nos fez uma recepção rara entre os vizinhos. E então me contou a história do lugar, a história da casa.

Aquele imóvel carregava uma história que tinha tudo a ver com transformação social, com luta, com desafios.

Dona Graça nos disse que a casa pertencia a Maria da Penha, a mulher que deu origem à Lei Maria da Penha e, então, de forma surpreendente, revelou que foi ali que aconteceu o ato de violência que mudou definitivamente a vida da sua proprietária. Fiquei impactado! Sabe aquelas histórias que nos deixam com a pele toda arrepiada? Foi exatamente o que aconteceu comigo. E logo assimilei o sinal de que Deus estava me dando através daquele relato.

Agora, não se tratava mais apenas de honrar a minha própria história; era preciso também dar um novo significado para aquelas paredes que abrigavam um passado tão lamentável, porém tão transformador!

QUANTO VALE UM SONHO?

De posse dessa nova informação, aliada a todas as energias que eu trazia, arregacei as mangas e fui trabalhar. Reuni o time e saí a campo em busca de novas conquistas, de novos horizontes, novas histórias e novos resultados tangíveis para gerar uma mudança efetiva no mundo. A começar pelo meu entorno. Pela minha comunidade. Pela minha cidade. Pelo meu estado, o Ceará.

CORREÇÃO DA TRAJETÓRIA

FALTAVA O NOVO. FALTAVA O SALTO. FALTAVA O OLHAR EXTERNO.

Uma vez instalados, tratamos de dar continuidade a todos os projetos que já existiam, como as atividades nas escolas, as palestras em empresas, o programa de cultura hip-hop e a gravação de músicas.

Com o passar do tempo, comecei a perceber que estávamos tendo muita dificuldade em avançar, em crescer conforme havíamos planejado para aquele lugar. Notei que conseguíamos manter o que já existia, mas não alcançávamos novos resultados, não estávamos expandindo os horizontes como queríamos. Essa percepção me intrigou, me fez ficar mais atento aos detalhes e me questionar muito, buscando as razões que pudessem explicar por que estar dentro de uma nova estrutura, com mais possibilidades e recursos, não nos fazia crescer ou avançar exponencialmente.

Confesso a vocês que passei muito tempo sem ver a efetiva razão dessa espécie de estagnação e, mesmo depois que a encontrei, tive dificuldades em me convencer da sua realidade.

Uma das coisas de que sempre me orgulhei foi de conseguir reunir pessoas por afinidade e não por habilidade. E foi exatamente isso que me fez manter as coisas no pé em que estavam.

Estava cercado de amigos, pessoas que eu amava, e tinha com todos uma relação de parceria e amizade. Porém, ainda não tinha entendido que, para se ter uma equipe de trabalho, às vezes precisamos equilibrar esses pilares: sentimentos e habilidades.

MOTIVAÇÃO E COMPETÊNCIA:

É ASSIM QUE SE CONSTRÓI UMA

RELAÇÃO SAUDÁVEL E PRODUTIVA.

Em pouco menos de um ano, estava me sentindo frustrado. Tínhamos tudo pra continuar crescendo e não estávamos conseguindo. É duro admitir a própria incompetência. É duro reconhecer que você falhou. Principalmente quando se trata de um sonho, de um grande sonho coletivo.

Eu ainda não sabia, mas tinha dado um grande passo rumo à maior revolução da minha vida!

Muitas noites chorei. Muitas vezes me cobrei. E nesse mar de emoções mergulhei. Como poeta que sou, busquei nos versos soluções e encontrei.

Porém, nem todas as soluções estão no mar dos poemas. Algumas estão relacionadas a uma mudança de comportamento, a uma mudança de hábitos e, às vezes, dura e lindamente, a uma mudança de rumo.

No meio desse conflito natural entre um empreendimento e o seu mentor, eu tinha que lidar também com a vida pessoal que não estava assim tão afastada de todo o resto. Como já disse antes, eu costumava unir tudo no mesmo pilar, o que me fazia sentir todas as dores num só lugar, assim como todas as conquistas eram celebradas no mesmo terreno.

O meu filho havia nascido, o que mudou instantaneamente o meu olhar para o mundo e para a vida. Ao vê-lo crescer, fui crescendo também. Logo passei a me fazer muitas perguntas. Perguntas sobre diversos âmbitos da minha vida e da minha trajetória. Passei a sentir a necessidade de ler a vida em pilares diversos. Passei a querer sentir família na família, trabalho no trabalho, música na música, amores nos amores e equalizar meu novo caminho. Me senti negligente com minha história e quis corrigir a trajetória de voo, antes de ser obrigado a realizar um pouso forçado.

Não posso dizer que o QG no seu terceiro formato estava completamente errado. Pelo contrário. Lá vivi dias incríveis e

QUANTO VALE UM SONHO?

inestimáveis. Vivi conquistas singulares que não são comparáveis a nenhuma outra fase da minha vida.

Eu tinha feito um movimento correto num cenário pouco propício para que ele pudesse fluir. Então, sou grato a todos que me ajudaram e acreditaram nessa empreitada.

Durante esse período de descobertas, conheci uma pessoa que me ajudou a materializar ideias e pensamentos novos. Meus amigos e eu conseguíamos realizar muito bem tudo o que já fazíamos, mas faltava o novo. Faltava o salto. Faltava o olhar externo. E, ao longo da nossa jornada, inteiramente imerso nas nossas atividades, não consegui perceber que, por mais que os nossos olhos estivessem cheios de brilho, estavam também contaminados pelo vício de fazer a mesma coisa.

Foi então que, num dia comum, durante mais uma das atividades agendadas, recebemos um toque divino, aquele toque que Deus dá naquelas histórias de trabalho e luta.

Tínhamos ido realizar uma palestra numa convenção de vendas de uma empresa de cimento, em Fortaleza. Tudo estava correndo normalmente. Na ocasião, fui apresentado por uma mulher, a mestre de cerimônias do evento, e, então, subimos ao palco, meu produtor e eu. Fizemos a palestra e foi um sucesso incrível, fomos aplaudidos de pé, a plateia ficou entusiasmada e a energia inundava todos os presentes. Um daqueles dias históricos!

Assim que o evento terminou, enquanto eu ainda estava atendendo o público, tirando fotos, dando autógrafos e realizando novas pontes, a mestre de cerimônia me abraçou rapidamente, agradeceu a experiência e disse que depois gostaria de conversar comigo. Agi naturalmente e me dispus a conversar com ela e com tantos outros que me fizeram o mesmo aceno naquele dia. Depois, voltamos para o QG, como geralmente fazíamos, tivemos uma conversa sobre o evento, fizemos uma avaliação e celebramos mais aquele sucesso.

Então a moça me chamou no direct do Instagram e, na mensagem, nos parabenizou mais uma vez e perguntou sobre a possibilidade de conversamos pessoalmente. Disse que trabalhava com algumas empresas e gostaria de compreender melhor o nosso negócio para ver se, de repente, não poderíamos estabelecer uma parceria.

Claro que ela não sabia do momento em que estávamos vivendo, nem eu sabia do momento dela, mas concordamos de nos reunir numa padaria muito conhecida em Fortaleza, a Plaza. Aquele lugar já trazia um sinal muito peculiar. Na adolescência, sempre comi o que tinha, o que dava para comer, chegando até a comer comida do lixo ocasionalmente. E foi na padaria Plaza que, pela primeira vez na vida, me desafiei a comer pelo sabor e pagar por uma comida justa com o dinheiro do meu trabalho. De início, como eu não conhecia a mulher que estava me fazendo aquele convite, o que me motivou a ir ao seu encontro foi exatamente o lugar e, no fundo, o sentimento de que eu precisava realizar movimentos novos para encontrar um novo rumo, tanto para a vida quanto para a minha missão.

Marcamos um café da manhã, num domingo, e fui acompanhado dos meus parceiros de equipe, Bulan e Matheus. Chegamos, tivemos uma boa recepção, comemos bem e o mais importante: nossa conversa foi ultraprodutiva, um diálogo como há muito tempo não tínhamos. Ela nos trouxe novas perspectivas, lançou um novo olhar sobre a nossa história, fez novas perguntas e, naquele momento, percebi que tínhamos encontrado uma nova parceria para a vida!

Algo que me chamou muito a atenção foi que, naquela manhã, havíamos aprendido muito, visitado um novo lugar, novas pessoas, percebido novos cheiros, olhado para um novo cenário e trocado experiências com uma nova mente empreendedora.

QUANTO VALE UM SONHO?

Essa mulher, que se chama Kelly Malheiros, se apresentou como mentora de executivos, palestrante e professora da Escola de Varejo que tem alunos espalhados pelo Brasil inteiro. Além do mais, ela é filha do dono da padaria Plaza.

SE OLHARMOS COM ATENÇÃO, PODEMOS ENCONTRAR NO OUTRO ALGO QUE NOS IMPULSIONE OU NOS COMPLETE.

Como a minha mente funciona como um catalizador de histórias e momentos, logo fiz uma rápida retrospectiva de tudo que vivi entre o dia em que lanchei na Plaza pela primeira vez, passando por tantas e tantas histórias que estávamos vivendo, e liguei tudo isso ao fato de estarmos ali, conversando em pé de igualdade com a Kelly, que era e é uma grande profissional da educação e inspiração no Brasil. Para mim, porém, naquele lugar e naquele momento trazia o brilho especial de ser a filha do dono da Plaza que me convidou para conversar, permitindo que os nossos mundos se cruzassem e as nossas vidas pudessem ter a oportunidade de compor uma nova história de mentoria recíproca e de amizade. Tudo isso com amor, fraternidade, profissionalismo e respeito mútuo.

Essa experiência inicial com a Kelly me trouxe vários aprendizados e muitas reflexões. Percebi que é importante que a gente tenha flexibilidade para olhar a vida de uma forma sempre diversa a cada dia. Vi o quanto é importante se permitir receber um feedback de alguém que tenha, sobre a nossa estrutura, uma visão não contaminada, seja pelo afeto, seja pelo tempo, seja pelo costume. Vi que é possível haver parceria entre os extremos. Que, se olharmos com atenção, podemos encontrar no outro algo que nos impulsione ou nos complete.

A Kelly vinha de um universo diferente, de uma realidade social completamente oposta à minha, e essas diferenças passaram a nos potencializar como seres humanos e como profissionais. Em pouco tempo, estávamos unindo nossas capacidades. Passei a visitar os ambientes dela e ela os meus; vivenciamos uma troca da ponte para cá, de ambientes de alto padrão aos becos da Zareia, a minha comunidade. Fomos a vários lugares e, a cada nova visita, acabávamos visitando lugares novos dentro de nós mesmos, o que nos tornava seres humanos melhores em todos os sentidos. Unimos nossas experiências de trabalho e, como mentores, criamos outros formatos para as atividades a serem realizadas.

Com um olhar mais aberto, pude ajudar o meu coletivo a crescer, inovei em métodos para novos trabalhos, mentorias, palestras, exercícios de presenças e imersões.

Digo sempre que, na vida, é importante que a gente tenha parâmetros, exemplos, pessoas novas, hábitos novos que nos desafiem, nos confrontem e nos permitam questionar os arquétipos tão profundamente enraizados em nossa mente. É fundamental que a gente mantenha um equilíbrio entre ser guiado e guiar a própria vida. É indispensável não acreditarmos que somos absolutos em nossas áreas de atuação.

Foi com esse novo olhar que, juntos, passamos a reconstruir os pilares danificados, a erguer novas bases sólidas, a trabalhar a equipe sempre com o foco no desenvolvimento pessoal e na valorização dos talentos e, assim, pudemos ver novas histórias surgirem bem diante dos nossos olhos.

QUANTO VALE UM SONHO?

É IMPRESCINDÍVEL QUE TENHAMOS DENTRO DE NÓS UM ESPAÇO ABERTO PARA A CHEGADA E A INFLUÊNCIA DO NOVO! É A NOVIDADE QUE NOS FAZ CRESCER, EVOLUIR E QUESTIONAR NOSSO SER E O QUE ESSE SER ESTÁ FAZENDO DA SUA PRÓPRIA EXISTÊNCIA.

Uma das histórias que gosto de contar, e que aconteceu depois dessa revolução, é a do meu encontro com o meu ídolo Romário, o jogador de futebol.

Como já disse em outro ponto deste livro, aos 8 anos de idade o meu sonho era ser um jogador de futebol, e o Romário era o grande ícone da seleção brasileira, na qual eu me inspirava. Contei essa história em diversos lugares, para centenas de milhares de pessoas. Certo dia, numa viagem de trabalho pelo Rio de Janeiro, me veio um insight, uma ideia nascida do coração. E se eu pudesse encontrar o Romário, conversar com ele e levar uma bola dente-de-leite igual àquela que eu furei quando criança, para ele autografar? Nessa ocasião, poderíamos contar para o mundo que, quando a gente intui energia positiva, as coisas fluem e podem se materializar de uma forma extraordinária.

UMA COISA É VOCÊ PENSAR. OUTRA COISA É VOCÊ ANUNCIAR O SONHO!

Estava em um Uber, com o Salmos e a Kelly, indo conhecer o Pão de Açúcar num dia de lazer, depois de ter realizado palestras em eventos na cidade. E eu soltei essa! E se...

Sabemos que, para os realizadores, entre o *se* e o *acontecer* existe uma distância longa e expressiva! E eu estava cercado de boas energias. A Kelly ficou entusiasmada com a ideia; o Salmos ficou feliz e logo o movimento começou a acontecer!

Depois desse episódio, tudo transcorreu normalmente: visitamos alguns lugares, fiz poemas, sorrimos, idealizamos novos sonhos, tocamos músicas e emanamos felicidade.

No dia seguinte, fomos para São Paulo cumprir a nossa agenda de palestras e, na sequência, Salmos e eu retornamos para Fortaleza, mas a Kelly ficou por lá.

E continuou a refletir sobre a possibilidade do tal encontro com o Romário. Já em Fortaleza, trabalhando em novas ideias no estúdio, recebo uma ligação. Era a Kelly, me perguntando se eu estava bem. Respondi que sim. Ela perguntou em seguida se eu estava sentado, e eu disse que ia fazer isso. Então ela me deu a notícia:

— O Romário quer se encontrar com você!

Fiquei paralisado.

— Quando? — perguntei. — Ano que vem?

Foi o que imaginei, afinal o Romário tem uma agenda muito concorrida. Mas, para minha grande surpresa, ela disse:

QUANTO VALE UM SONHO?

— Na próxima quarta-feira!

Confesso que levei algum tempo para assimilar o que estava realmente acontecendo. Não se tratava apenas de um encontro de um jovem com o seu ídolo; estávamos lidando com um trabalho coletivo envolvido em um sonho. Anunciei aquele sonho. Como mentora e empresária de minha carreira, a Kelly buscou se empenhar para torná-lo realidade. E disso me vem a seguinte pergunta: Para quem você está anunciando o seu sonho? As pessoas que escutam seus desejos, seus objetivos e seus sonhos estão se movimentando para ajudar em sua realização? Estão fazendo movimentos que vão ao encontro dessa realização ou estão só ouvindo, paradas? Ou será que estão se movendo no sentido contrário?

Levando essas perguntas no peito e toda uma vida nos olhos, fui encontrar o Romário, no seu gabinete, em Brasília, onde ele atualmente exerce a função de senador da República. Fui muito bem recebido, com respeito e hombridade; tivemos uma conversa sobre sonhar e realizar; contei minha história e ele confirmou que ela deveria estar nos livros porque se tratava de uma história tão inspiradora quanto a dele. Acrescentou ainda que tínhamos a mesma força de inspiração, cada qual para a sua geração, e, naquele momento, eu era apenas emoção e gratidão. Presenteei Romário com o meu primeiro livro, recitei poesia e pude voltar pra casa com uma bola dente de leite autografada, para presentear o meu filho.

Com isso, estávamos dando um novo significado à bola, ao ato de presentear, ao sentimento que cerca a paternidade, e escrevendo mais uma página dessa minha história de vida, mas também acrescentando vírgulas e reticências nas histórias de todos que fazem parte dessa realização, direta ou indiretamente.

OLHAR PRA DENTRO PRA OLHAR PRA FORA

É NOS MOVIMENTOS MAIS DIFÍCEIS DA VIDA QUE ENCONTRAMOS A RAZÃO PARA CONTINUAR LUTANDO.

QUANTO VALE UM SONHO?

Conhecer o Romário marcou para mim uma mudança de comportamento e de posicionamento de vida. Passei a me perceber melhor. Lembro que estava muito acima do peso, sofria com alguns problemas de acne que estava num estágio muito avançado, uma doença crônica que afeta muitas pessoas no mundo. Consegui me olhar como há muito tempo não fazia. Decididamente, eu precisava mudar! E essa mudança teria que ser muito profunda e acontecer em todas as frentes de minha vida.

Nessa ocasião, tomei algumas decisões muito difíceis. Uma delas foi encerrar o contrato com a imobiliária responsável pelo imóvel do QG.

Quando me vi daquela forma, vivendo momentos tão incríveis e, mesmo assim, não estando bem como eu merecia, senti que precisava agir e, mais uma vez, permitir o novo e uma nova construção.

Entregar o imóvel não significava acabar com o meu empreendimento nem pôr um fim nas relações com meus amigos e parceiros. Entregar o imóvel era entender que, naquele momento, eu precisava me dedicar integralmente a uma mudança pessoal. Todos os meus recursos e energia deveriam e mereciam ser dirigidos para um campo de paz pessoal.

É interessante notar que, ainda há pouco, eu falava da necessidade de mudar e de como a ida para o novo QG foi sinônimo disso. Agora, porém, estou dizendo que deixar o QG seria a mudança de que eu precisava. É exatamente aí que mora a importância do discernimento na nossa vida. Ninguém veio me falar daquela estrutura ou dizer que ela representava um peso que eu não estava conseguindo carregar. Apesar de tudo, continuávamos agindo como se tudo estivesse bem. E aparentemente estava. A estrutura, não eu!

Quando cheguei a essa conclusão, convidei meus amigos, sócios e parceiros para anunciar a mudança e comunicar que

FELIPE RIMA

ia entregar a casa e doar tudo o que tínhamos dentro dela. Eu queria ir para um lugar onde pudesse ver o vazio para criar ali o novo, começando do zero e com uma nova marca, a marca do meu novo ser.

E foi o que fiz. Entreguei o QG porque entendi que o espaço físico não era o condutor da revolução que eu me propunha realizar no mundo. Na verdade, estávamos realizando dezenas de ações pelo Brasil e todas aconteciam fora do espaço do QG.

AS CHAVES

Depois de meses entre idas e vindas,
finalmente havia chegado o dia em que eu entregaria as chaves.
Aquela casa representava muito pra mim.
Nela vivi momentos lindos e difíceis.
Conheci o amor e a dor. Fui amordaçado e me libertei.
Ela era a realização do que eu já havia visto arder em meus
[*olhos,*
um lugar aglutinador de sonhos.
Visitei cada cômodo vazio.
Fechei os olhos e escutei muitas vozes.
Abri os olhos e senti o silêncio.
Não sobrou nada além das memórias.
Tudo foi bom. E até o que foi ruim foi bom.
Na hora marcada, entreguei as chaves
e peguei o recibo com absolutamente tudo quitado.
Por incrível que pareça, só consigo abrir portas que me foram
[*apresentadas porque entreguei as chaves.*
Intrigante, não?!

QUANTO VALE UM SONHO?

Eu abro portas entregando as chaves.
Eu começo um novo ciclo entregando as chaves.
Eu consigo enxergar melhor minha vida entregando as chaves.
Eu vivo a vida que mereço viver porque tive a coragem de
[entregar as chaves.

Com o entendimento dessa realidade, comecei a ver as coisas evoluírem rapidamente. Seguimos inspirando as pessoas. Mudei de casa, escolhi um espaço perto da natureza, com o silêncio propício para a poesia. Uma casa nova com girassóis e piscina. Um lugar acolhedor para receber a família. O cenário perfeito para que eu cuidasse da saúde e dos projetos pessoais e profissionais.

Mudei os meus hábitos de alimentação. Emagreci 18 kg. Iniciei tratamento dermatológico e, acima de tudo, passei a ver a vida de uma forma mais realista, mais palpável. Consegui me dedicar melhor à criação do meu filho e vi todos os meus amigos e parceiros crescerem individualmente.

Acredito que é nos movimentos mais difíceis da vida que encontramos a razão para continuar lutando.

Graças a Deus, tenho acumulado inúmeras conquistas, todas elas inestimáveis e muito distantes da realidade em que nasci e cresci, na comunidade da Zareia.

Sou cearense, artista, independente e sei muito bem como é raro promover realizações em âmbito nacional, vindo de onde eu venho. Certamente é algo que só podemos atribuir a anos de trabalho, suor, dedicação, esforço e fé.

EM SOLO SAGRADO

AO ENCONTRAR O AMOR, NOSSA VIDA SE TRANSFORMA E TRANSFORMAMOS OUTRAS VIDAS.

QUANTO VALE UM SONHO?

Uma das realizações que marcou essa minha transição do QG em seu terceiro formato para a minha nova vida foi uma palestra-show que fiz para mais de mil pessoas no Teatro Municipal de São Paulo.

Com meu filho no colo, pude cantar meu rap, contar minha história e ser aplaudido de pé num palco que é um verdadeiro altar da cultura brasileira. Foi com muito respeito que pisei lá e honrei o solo sagrado da arte por onde passaram tantos grandes nomes da música e da cultura do meu país.

Mais que tudo isso, talvez tenha sido aí que descobri que a paternidade percorre três lindos caminhos.

O primeiro é a crença.

Você precisa crer que é pai, acreditar no que é ser pai e materializar essa realidade diante dos olhos dos seus filhos ou das suas filhas.

O segundo é a luta.

Você passa a lutar por dias melhores, não mais pensando apenas em si mesmo, mas pensando principalmente em um ser que veio de você. É a partir daí que você vive e constrói laços profundos.

E o terceiro é o amor.

Acredito que a mãe encontra o amor antes do pai. Ela já tem o amor dentro de si quando sente o filho no ventre. E esse amor de mãe é algo mágico e incomparável.

Como pai, depois de visitar os dois caminhos anteriores, você beija o amor incondicional. E passa não só a viver e trabalhar, mas a fazer tudo por amor. E, se preciso for, dará a própria vida por seus filhos e filhas.

É claro que o que digo aqui não tem nenhuma fundamentação científica; digo apenas o que o meu coração recitou diante de minhas vivências. Sei que, ao encontrar o amor, nossa vida se transforma e transformamos outras vidas.

FELIPE RIMA

O simbolismo de ter meu filho comigo naquele dia tão importante me emociona, aumenta a minha felicidade. Porque percebo, mais do que nunca, que continuo unindo minha vida pessoal ao meu trabalho, mas com harmonia entre esses pilares e com discernimento para lidar com as diversas nuances da vida.

SONHO ACOMPANHADO

PRECISAMOS SONHAR ACOMPANHADOS, COMPARTILHANDO AS FÓRMULAS QUE ENRIQUECEM NOSSAS VIDAS.

Com pilares equilibrados, objetivos claros, parceiros sintonizados e um mar de novas possibilidades diante de mim, dei início a outro empreendimento, a Sonhares Company, um espaço de transformação, uma empresa que promove inspiração para o crescimento pessoal, profissional e institucional.

A evolução do ser humano e a transformação da sociedade são os objetivos que buscamos alcançar por meio de imersões, mentoria, palestras, eventos, workshops e projetos especiais. Precisamos propor ao mundo mecanismos de autoconhecimento, diálogos sobre a realização de sonhos, a criação de espaços em que as histórias de vida possam emergir e o incentivo para que as relações de trabalho se abram ao novo.

Inovar é nossa ação norteadora; é com a permissão do novo que crescemos e nos tornamos melhores.

Muitas vezes sonhamos sozinhos, pensamos sozinhos e abraçamos nossas ideias sozinhos. Como queremos seguir pelo caminho oposto, nossos SONHARES vêm acompanhados do termo COMPANY — do inglês companhia, corporação ou associação —, que nos remete a um sentido de coletivo, nos projetando visualmente para ações mundiais de transformação.

Estou iniciando um novo ciclo na vida, e tudo convergiu para este momento, um momento de conversar com você nas páginas deste livro; momento de poder compartilhar com o mundo tantas transformações e revoluções; momento de pensar o coletivo e o individual em harmonia; momento de propor o novo que emana de mim para o universo.

No fundo, o que quero dizer é que precisamos sonhar acompanhados, compartilhando as fórmulas que enriquecem nossas vidas. Precisamos espalhar novas metodologias de educação, valorizar as ferramentas que já causam impacto e projetar nosso olhar para um futuro no qual teremos empresas mais humanizadas, profissionais equilibrados e, sobretudo, pessoas que saibam lidar melhor com a própria vida e suas demandas.

Que cada um de nós consiga equilibrar seus devaneios e projetos. Que possamos equalizar a vida para que o travesseiro seja aprazível todas as noites. E que repousemos sempre com a convicção de que nossos amores, familiares, amigos e o mundo inteiro terão de nós o nosso melhor.

POSFÁCIO

Foi impactante.

Estávamos participando de uma convenção de vendas em uma empresa em Fortaleza. Eu era a mestre de cerimônias. Ele, o palestrante. Quando vi a performance dele naquele palco, o roteiro bem delineado, a plateia totalmente engajada na história que ele estava contando, vi ali um expert da comunicação. Depois, descobri que ele era mais: filósofo, observador da vida e um artista nato. E, acima de tudo, ele era de verdade!

Daí foi fácil juntarmos nossos sonhos e executarmos planos.

Com ele aprendi a ser um ser humano melhor: foi ele quem me trouxe o olhar mais profundo sobre cenários e pessoas.

Sempre digo que a arte dele deverá alcançar muito mais pessoas porque ele consegue transformar lentes cinza em lentes coloridas.

No meu coração, gratidão e admiração.

Vamos inspirar o mundo! Essa é a nossa missão.

Kelly Malheiros
15 de janeiro de 2021

Direção editorial
Daniele Cajueiro

Editora responsável
Janaína Senna

Produção editorial
Adriana Torres
Mariana Bard
Júlia Ribeiro

Copidesque
Maria Helena Rouanet

Revisão
Anna Beatriz Seilhe
Stéphanie Roque

Projeto gráfico
Jonatas Belan

Diagramação
Filigrana

Este livro foi impresso em 2021
para a Agir.